나의   두려움을
여기
두고 간다

하정 지음

좋은여름

• 차례 •

프롤로그. 아직은 나만 아는 이야기 _ 004

Part1. 썸머! 밖으로!

안전한 험지 _ 010

로맨틱 반지하 _ 014

깨끗한 한 끼 _ 022

썸머! 밖으로! _ 028

일 욕심 _ 035

나의 덴마크식 따릉이 _ 042

내 몫의 세상을 움켜쥔다 _ 050

철학하는 잡초 _ 060

몸의 헌신 뒤에서 마음은 쉰다 _ 068

행복을 모르는 행복 _ 074

호박밭 이슈 _ 084

김목인과 썸머의 사소한 차이 _ 098

Part2. 행복은 똑같은 옷을 입고 있지 않다

하정과 썸머의 행방불명 _ 106

장미 귀걸이를 한 소녀 _ 119

기억상실자들의 카우치 _ 124

밥하지 않는 인류 _ 132

저마다의 덴마크 _ 140

행복은 똑같은 옷을 입고 있지 않다 _ 152

누구나 처음엔 이상한 사람 _ 180

Part3. 가장 낮은 일, 가장 높은 대화

너희들은 몰랐겠지만, 어젯밤에 _ 198

우리 머리 위의 장례식 _ 212

가장 낮은 일, 가장 높은 대화 _ 219

감자에 눈물을 묻는다 _ 223

마지막 날 _ 231

이튿날 _238

에필로그. 나의 다음, 자연스럽게 _ 244

사진의 용도 _ 252

• 프롤로그 •

아직은 나만 아는 이야기

여기 완벽히 아름답지만 자못 쓸쓸한 부엌이 있다. 근사한 디자이너 조명과 듬직한 원목 조리대, 칠면조도 들어갈 넉넉한 오븐, 뭐든 만들어 낼 수 있는 조리도구 세트, 햇살을 쏟아내는 창문, 창밖 풍경은 잔디와 호수… 누구나 갖고 싶은 그림 같은 부엌이지만 누구도 요리하지 않는다.

이곳은 덴마크의 생활공동체 스반홀름, 우리는 짧게는 한 달에서 길게는 몇 달씩 일하고 떠나는 자원봉사자, 정식 호칭은 '게스트Guest'다. 대학원생 덴마크인 둘과 오스트리아인 하나, 세계를 여행하는 노마드 체코인 커플, 고등학교를 갓 졸업한 독일인 하나, 가구 디자이너 일본인 하나, 그리고 내가 있다. 어떤 약속도 없이 그 공간, 그 시간에 모였다가 흩어질 사람들.

식사는 식당에서 때맞춰 충분히 제공하지만, 우리는 성장기 아이처럼 돌아서면 허기가 졌다. 저장고에는 밀가루부터 파스타, 찰기와 모양이 다른 각종 쌀, 온갖 향신료에 심지어 김발까지 있어서 언제든 간식과 야식을 만들 수 있었다. 그러나 밭에서 돌아온 우리에게 남은 거라곤 맥주 꼭지를 겨우 딸 정도의 힘과 의지뿐이라는 사실. 이 고독한 부엌의 사연이다.

그날도 다를 바 없었다. 흙먼지에 도포된 채 퇴근한 우리는 부엌 한쪽의 낡은 카우치에 끼어 앉아 맥주만 들이붓고 있었다. 나는 평소 술을 마시지 않지만, 이곳에 와서 노동 후 맥주의 맛을 아는 몸이 되어 버렸다. 허나 맥주로는 달랠 수 없는 헛헛함이 있는 법. 이 몸은 달달한 것을 원한다! 그래서 퇴근하자마자 밀가루와 버터, 코코아 파우더로 간단한 초콜릿 쿠키를 반죽해 오븐에 넣어둔 터였다. 30분이면 다 구워질 테고, 20분쯤 지났으니 이제 중간 점검 차 오븐을 들여봐야 할 때다.

오븐은 안이 잘 보이지 않았다. 원래도 유리에 필름 코팅이 되어 있는데다 오랜 기간 청소 없이 방치된 탓이었다. 사정 모르는 깔끔이가 나타나 청소를 해도 나머지 사람들에 의해 순식간에 더러워졌기에, '청소하지 않는 것'이 이곳의 묵시적인 합의였다. 물론, 한다면 말리는 사람은 없다.

오븐 문을 조금 열자 달큰한 열기가 훅 하고 얼굴을 스쳤다. 재빨리 쿠키 상태를 확인한 뒤, 열기가 더 빠져나가지 않도록 서둘러 문을 닫았다. 쿠키는 괜찮았다. 무릎에 손을 짚고 일어나려던 순간, 무심코 오른쪽을 본 나는 일어나지 못하고 그대로 굳어버렸다. 이곳에서 만날 거라고는 상상도 하지 못한 존재와 눈이 마주쳤기 때문이다.

'…이건 뭐야? 아니, 당신… 누구야.'

지금, 이 공동체에서 나만 알아볼 수 있는 존재였다. 새까

많고 오밀조밀한 그는 분명, 한국인이었다.

이 부엌의 벽은 일종의 방명록 역할을 한다. 게스트는 스반홀름을 떠나며 부엌 벽에 '작별의 말'을 적는 전통이 있다. 오가는 게스트가 많다 보니 벽이란 벽은 이미 온통 문장으로 빼곡하다. 누구는 "Good Luck!" 정도로 간단히, 누구는 그림 솜씨를 뽐내기도 한다. 오븐 오른편에도 벽이 하나 있다. 다만 상단에 큰 창이 뚫려 있고, 창 바로 아래에는 원목 조리대가 박혀 있어서 방명록은 못될 벽이다. 존재는 조리대 밑에 바짝 붙어 있었다. 서 있는 사람은 절대 볼 수 없다. 카우치에 앉아 있어도 볼 수 없다. 아주 조그맣게, 누가 봐도 '숨어 있겠다'는 의도가 분명했고 방법은 유효했다. 유일하게 오븐을 쓰고, 또 유일하게 한국어를 읽는 게스트가 하필이면 그 앞에 쪼그리기 전까지는 말이다.

"나의 두려움을 여기 숨기고 가겠다."

또박또박 적힌 한글 문장. 지금 여기 스반홀름에 사는 150명 중에서 나만 이해할 수 있는 문장이라니. 은밀한 일이었다. 스반홀름의 사람들은 스반홀르머Svanholmer*든 게스트든 대부분 유럽인이다. 자기 일 외에는 무심한 편이라 고불고불 그림 같은 낯선 글자는 봤다 해도 관심을 주지 않았을 것이다. 하지만 만리타향의 외국인 노동자에게 모국어는 저항할 수 없는 반가움을 불러일으킨다.

'두려움'이라니… '숨긴다'니….

애처로우면서 한편 야무진 인상이었다. 이 사람은 어떤 사

---

* 스반홀름에 거주하는 사람을 일컫는 말

정으로 덴마크 시골까지 찾아왔을까. 여기 숨기고 갔다는 두려움은 무엇이었을까. 지금, 그는 가벼워졌을까.

나는 아무 일도 없었다는 듯 자리로 돌아갔다. 그리고 우리를 바라보았다. 매일 아침 8시에 밭으로 향한다. 6시간 동안 흙바닥을 기며 일한다. 숙소에 돌아온다. 부엌에서 맥주로 목구멍의 먼지를 씻어낸다. 저녁 급식을 받는다. 부엌으로 다시 모여들어 시시한 이야기를 나누다 자기 침대로 간다. 눈을 뜨면 같은 하루가 또 있다. 무슨 인연이, 서로 다른 지구의 구석에 살던 우리를 한 식탁 앞에 모아두었을까. 우리는 떠날 때 어느 벽에 어떤 문장을 남길까. 누더기 같은 작업복에 헝클어진 머리를 한 태연한 모습 뒤에는 끝내 알 수 없는 각자의 두려움이 있을까.

비밀의 문장을 발견한 날은, 두 달로 약속한 스반홀름 체류가 막바지로 향하던 때였다. 평생 잡초 한 포기 뽑아본 적 없는 도시 사람으로서, 모든 일정과 노동의 형태가 자연에 따라 결정되고 몸은 그에 순응할 뿐인 생활은 생경했다. 하지만 네 번째 유럽 장기 여행이자 두 번째 공동체 생활이었기 때문에 첫 번째보다는 덜 호들갑스러웠다. 8명의 게스트와 150명의 스반홀르머들, 하늘과 구름, 땅이 내어준 아직은 나만 아는 이야기를 이제부터 써보려 한다.

하정 혹은 썸머

Svanholm

1970년대에 설립된 덴마크의 생활공동체. 약 150명이 집, 식당, 차량 등을 공유하며 산다. 농부나 요리, 건물 유지보수 등을 하며 공동체 내에서 일하는 사람들과 교사, 사업가 등 외부에서 일하는 사람들이 있으며 누구라도 자기 수입의 70%를 공동체에 낸다. 덴마크는 조합문화가 활성화되어 있어서 많은 생활공동체가 생기고 없어지기도 한다. 스반홀름은 역사나 규모, 안정성 등을 따져볼 때 성공적으로 안착한 공동체로 손꼽힌다. 주로 농번기에 필요한 일손을 충당하기 위해 자원봉사자들을 모집하고 숙식을 제공한다.

안전한 험지

"덴마크 가기 전에 꼭 만나요. 덴마크 여행 이야기로 책을 만들어 봅시다."

덴마크의 공동체로 떠난다고 하자, 몇 해 전 지인의 소개로 인연을 맺은 출판사 대표님이 동네까지 와 주셨다. 이미 다녀온 북아일랜드와 이번 여행을 엮어 에세이를 써보자고 제안하셨다. 푸짐한 태국 요리를 얻어먹으며 곰곰이 생각했다. 단정하고 내실 있는 책을 만드는 출판사, 잘 통하는 대표님, 그럴싸한 아이디어까지. 똠얌꿍 국물을 꿀꺽 삼키며 답했다.

"도저히 안 되겠어요. 못 쓸 것 같아요."

나는 2010년 가을부터 1년간 북아일랜드의 장애인 생활공동체 캠프힐Camphill에서 자원봉사자로 지내고 돌아왔다. 그 이야기는 다음 해 에세이로 출판되었다. 이후 책이 불티나게 팔리고, 에세이 작가로 탄탄대로를 달리고 있던 나로서는 다른 제안들이 쇄도하고 있었기 때문에 거절할 수밖에 없었… 을 리가 있나! 거절의 말을 뱉고 있을 적의 나로 말할 것 같으면 재고가 구천을, 아니 파주 물류창고를 떠도는 '1종 1쇄 미소진 에세이 보유 비인기 저자'였다. 어떤 출판사로부터 어떤 제안도 없고, 다음 책 기획도 없이 무기력한 처지였다. 그런 판국에 출간 제안을 뿌리치다니.

그럼에도 못 하겠다고 말한 이유는 두 가지였다. 첫째, 덴마크는 스스로 선택한 여정이지만, 그곳에서 겪을 일들은 계획대로 벌어져 줄 리 없다는 확신. 그것은 확신을 넘어서 진리, 자연의 법칙만큼이나 뻔했다. 주도면밀한 구석이 있다거나 미리 짜둔 계획 쪽으로 일을 살살 몰아가는 근성이 있다면 가능했겠지만, 나는 그런 카테고리에 드는 사람이 아니다. 아직 벌어지지 않은 일에 대한 약속은 두려웠다.

둘째, 다음 일을 (그것도 생산적인 일을) 도모하고 떠나기에는 나의 심리가 도와주지 않았다. 사랑… 사랑이란 놈 때문에! 스반홀름에는 남자친구와 함께 갈 계획이었다. 스반홀름 이야기를 꺼내자, 그는 단박에 "같이 가자. 나 농대 나온 남자야." 하는 게 아닌가? 알고 보니 그는 개발도상국에 파견되어 농사 기술을 전파하고 온 능력자였다. 반면 나는 아무리 강인한 다육이나 선인장도 야무지게 말려 죽일 수 있는 '지옥의 가드너'. 식물과의 궁합이 몹쓸 수준이니 농사 경험이 많은 데다 친화력 좋고 추진력도 강한 그와 함께라니 든든해졌다. 하지만…(후략).

농대 남자와 전격 이별 후, 곧장 스반홀름에 신청서를 제출했다. 평소 같으면 막상 떠나는 게 귀찮았을지도 모르지만, 특수한(?) 상황에 놓이면 달라진다. 이별은, 창피하지만 이상한 동력을 만든다. "보란 듯이 해내고 말겠어!"라며 분연히 일어나게 만드는 오기. '보란 듯이'의 대상인 구남친은 이쪽에 관심도 없는데 이쪽은 대상 없는 상념의 바다에서 힘차게 노를 젓는다. 그게 여행이 될 수도, 공부가 될 수도, 일이나 다른 관계일 수도 있다. 새로운 시도나 몰입처럼 보이지만 실상은 '적극적인 도피'다.

6년 전 비슷한 일이 있었다. 당시 나는 감당하기 어려운 일을 겪고 유학이나 여행을 결심했다. 그때 '수정'이라는 친구가 대학 때 북아일랜드 캠프힐에서 1년간 자원봉사를 했다며 그곳을 추천했다.

그로부터 1년 뒤, 나는 캠프힐을 떠난 후에야 수정이의 이유를 스스로 가늠할 수 있었다. 마음이 요동칠 때는 떠돌거나 새로운 책임을 떠안지 말고, 적당히 익숙하면서 적당히 낯선 울타리 안에 머물며 자신을 돌보라는 것. 일하고 밥 먹고 잠자는 보통의 일상, 나쁜 일이 벌어지기 전에도 해왔던 평범한 일을 반복하다 보면 다음을 마주할 기운이 생긴다는 것. 결과론적이긴 하지만, 대단한 경험보다는 단순한 순환과 건강한 관조가 그때의 나에게 더 좋은 약이 되었다.

생소한 북유럽의 농장이 마냥 편한 곳은 아니겠지만, 공동체 안에서라면 다시 넘어진다 해도 너무 아프진 않으리란 걸 그때의 경험으로 알고 있었다. 어떤 계약도 약속도 없이 곧 북쪽 나라로 날아갔다. 내 방식의 안전한 험지, 어쩌면 험난한 안전지대를 찾아서.

We learn to respect Margrete as a wonderful person even though she tends to take her working hours rather lightly and managed to arrange herself an exceptionally big room too. It doesn't make sense to go around checking up on each other and criticizing each other. It's undignified and doesn't lead anywhere. 누군가 요령을 피우고 예외적인 혜택을 원한다고 해도 우리는 그를 훌륭한 사람으로 존중하는 법을 배운다. 따지고 비난하는 것은 타당하지 않다. 그것은 품위 있는 행동이 아니며, 또한 우리를 어디로도 데리고 가지 못한다. (스반홀름 홈페이지, 공동체 소개 중에서)

"우리를 어디로도 데리고 가지 못한다." 이 문장에서 한참을 멈추었다. 우리는 서로에게 또 다른 세상을 보여주는 창이었다. 서로의 이야기가 더 듣고 싶어 밤늦도록 잠들고 싶지 않았는데, 어느새 서로의 세상을 부정하고 조롱하는 사이가 됐다. 네가 나를 사랑한다면, 내가 원하는 세상을 보여달라고 강요했다. 어떻게 나는 그에게, 그는 나에게 더 이상 훌륭한 사람 Wonderful person이 아니게 되었을까. 우리는 애초에 Wonderful person이 아니었다. 서로를 그 자리에 올려놓았다가 일순간에 바닥으로 끌어내렸다. 연애는 오만하고, 이별은 치사하다. 얄밉고 이기적인 사람을, 여전히 Wonderful person으로 보려고 노력하는 마음이란 어떤 것일까. 나는 다른 문장은 다 잊은 채, 이 문단 하나만을 마음에 담고 스반홀름으로 향했다.

로맨틱 반지하

"코펜하겐에서 두 시간 정도 걸려요. 우선 코펜하겐 중앙역에서 기차로 프레데릭슨Frederikssund 역까지, 프레데릭슨 역에서 230R번 버스로 크로그스트루프 교회Krogstrup Kirke 정거장까지 가면 돼요. 거기에서 공동체까지 걸을 수도 있지만, 짐이 많으면 미리 픽업을 요청해 두세요."

첫 북유럽 여행길, 정화*의 길 안내는 어렵지 않았다. 다만 '버스'는 긴장 포인트였다. 교회 정거장은 시골 복판이고, 정거장에 사람이 있을 확률은 없다. 미리 벨을 누르지 않으면 기사는 빈 정거장을 지나칠 것이고, 미리 벨을 누르려면 지리에 익숙하거나 안내방송을 알아들어야 할 텐데 둘 다 불가능했다. 랜드마크도 없이 가도 가도 똑같이 생긴 들판에서 여기가 어딘지 어떻게 알 것인가. 결정적으로 덴마크어는 알파벳을 사용하지

---

* 친구의 소개로 알게 된 정화는 짝꿍인 신범과 함께 2015년 스반홀름을 포함해 유럽의 농가를 7개월간 여행하고 돌아와 『우리가 농부로 살 수 있을까』(들녘, 2018), 『농사가 재미있어서』(목수책방, 2023)를 펴냈다. 현재는 경기도 양평에서 자연과 함께하는 농사를 배우며 '종합재미농장'이라는 이름으로 재미나게 땅을 일구며 살고 있다.

만 발음이 너무 생소해 알아들을 수도 없다.

그래도 이탈리아나 프랑스의 시골 버스를 몇 번 경험했기에 나름의 대비책이 있었다. 종이에 정거장 이름을 '대문자'로 또박또박 쓰고 버스에 올라탈 때 '아무 말 없이' 기사에게 보여주며 씨익 웃는 것이다. 백이면 백, 기사는 고개를 끄덕인다. 이제 그의 시야에 들어오는 자리에 앉아 "Forget me not! 나를 잊지 말아요." 하는 간절한 눈빛을 여정 내내 보내고 있으면 된다.

준비한 종이를 들고 버스에 올라탔다. 기사는 고개를 끄덕였고 운 좋게 우측 맨 앞자리에 앉을 수 있었다. 그런데 어머나. 버스의 앞쪽과 중앙에 예쁘게 놓인 모니터라니! 버스가 달리는 동안 모니터에는 곧 닿을 정거장의 이름이 조로록 나타났다.

'오~ 북유럽~!'

되던 것도 안 되는 일이 허다한 남유럽(이를테면 오스트리아 국경까지는 분 단위로 정확하던 기차가, 이탈리아로 넘어가는 순간부터 연착된다거나)에서는 상상도 못 할 일. 감탄이 흘러나왔다. 정보 기술과 인류애에 힘입어 무사히 크로그스트루프 교회에 도착했다. 정거장은 무성히 자란 수풀에 파묻혀 있었고 주위에는 아무도 없었다. 황량한 풍경 속에서 덩그러니 바람을 맞고 있자니 낡은 소형차 한 대가 내 앞에 섰다. 차에서 내린 건 편안한 인상의 백발 할아버지. 입고 있던 체크무늬 작업셔츠의 질감과 잘 어울리는 사람이라고 생각했다. 오래 입어 세탁을 반복하면서 원래의 강인함에 사뿐함이 더해진 그런 느낌.

인사와 환담을 나누는 사이 금세 공동체에 도착했다. 할아버지는 담쟁이로 뒤덮인 건물 앞에 짐을 내려주었고, 나는 그 자리에서 바로 '소피'라는 여자아이에게 인계되었다. 크로스백을 귀엽게 멘 소피는 스반홀르머이자 나의 안내자였다. 일할 곳, 밥 먹는 곳 등등 공동체의 이곳저곳을 돌아보며 설명해 주는데, 모든 게스트에게 이런 개별 오리엔테이션을 제공한다니 참으로 다정한 처사. 하지만 시차 적응도 아직인 데다, 오는 내내 잡고 있던 긴장의 끈을 탁 놓아버린 나는 소피의 설명을 듣는 둥 마는 둥 했다. 뭐, 살아보면 알겠지. 해보면 알겠지.

금요일 오후의 공동체는 고요했다. 농부들은 밭에, 요리팀은 식당, 빌딩팀은 공동체 곳곳에 퍼져 일하고 있을 시간이었다. 이렇게 스반홀름 부지에서 일하는 소수의 사람*을 제외하고는 대부분 코펜하겐 시내 등 외부에서 일을 한다고 들었다.

나른한 정신으로 바라본 스반홀름의 풍경은 비현실적이었다. 포근하고 잘 마른 햇살, 고풍스러운 붉은 벽돌 건물, 눈이 시린 연둣빛 잔디밭과 촉촉한 숲, 짙푸른 호수, 느릿느릿 풀을 뜯는 소 떼, 이런 배경 속에서 더 도드라지는 빨간 바탕에 하얀 십자가 덴마크 국기, 미끄럼을 타며 생소한 언어로 재잘거리는 백금발의 아이들, 어디로 눈을 돌려도 초록… 아, 좋다. 과장하자면, 몸을 떠난 영혼이 미지의 공간으로 이동해 그곳의 안내자를 따라다니며 구경하는 기분이었다. 심장 박동이 느려지고 곧 잔디밭에 누울 태세가 될 무렵, 소피가 말했다.

"토요일과 일요일은 쉬고, 월요일 아침 8시까지 패킹팩토리 Packing factory*로 출근하면 돼. 아까 차에서 내린 그 건물 있

---

* 스반홀름 내의 작업은 밭일을 하는 농부그룹Agriculture group, 급식을 담당하는 키친그룹 Kitchen group, 설비를 관리하는 빌딩그룹Building group으로 구성된다.

지? 거길 메인빌딩Main building이라고 불러. 거기 지하가 게스트 숙소야. 내려가 보면 알아."

오늘의 기분만큼이나 숭덩숭덩한 안내였다. 메인빌딩 앞에 내려 두었던 배낭과 짐가방을 챙겨 지하로 통하는 입구를 찾았다. 좁고 어둑한 돌계단 앞에 서자, 문득 철가면이 갇혀 있을 법한 지하감옥의 입구가 떠올랐다. 등줄기를 따라 소름이 오소소 돋았다. '천국을 살폈으니 이제 연옥 편인가!' 마음을 단단히 먹었는데 계단은 고작 다섯 칸, 그 아래로 새하얀 방문들이 서늘하게 늘어서 있었다. 숙소는 지하가 아니라 반지하였다.

'행복의 나라 덴마크까지 와서 반지하 살이라니.'

문에는 각각 1, 2, 3… 방 번호가 있고 손바닥만 하게 칠해진 칠판페인트에 방주인의 이름이 분홍 분필로 적혀 있었다. 계단을 내려서자마자 우측에 있는 1번 방에 내 이름이 있었다.

---

* 농부그룹 본부로 쓰이는 작업장. 매일 아침 이곳에서 조회를 하며 일을 시작한다.

⟨Summer⟩

'여기가 내 감방… 아니 그냥 방인가?!' 차가운 손잡이를 돌려 문을 열었다. 삐그더억 소리와 함께, 잠이 번쩍 깼다. 문틈으로 쏟아져 나오는 엄청난 양의 빛! 분명 반지하인데 빛으로 꽉 찬, 눈이 시리도록 새하얀 빛의 방이라니. 빛에 눈을 적응시킨 후 찬찬히 방을 둘러봤다. 두 평이 채 안 되는 아담한 크기에 책상, 침대, 의자까지 모든 것이 하얬다. 정면에는 우리나라 반지하처럼 지면과 같은 높이에 창이 크게 뚫려 있었다. 다른 점이라면, 살벌한 방범용 창살과 먼지 낀 방충망 대신, 하얀 나무틀 유리창에 희고 얇은 면 커튼이 살랑거렸다. 그 너머로는 아까 밖에서 본 풍경이 액자처럼 걸려 있었다.

방을 구성하고 있는 것들은 모두 낡았는데 허름하지 않았다. 가구며 벽이며 군데군데 칠이 벗겨지거나 콘크리트가 떨어져 나간 구석도 있었지만 그 자체로 어울렸다. 짐을 문밖에 둔 채 핸드폰만 들고 들어가 사진을 찍었다. 시커먼 짐가방이 순백의 방을 더럽히기 전에 기록을 남겨두고 싶었다.

방의 분위기를 좌우하는 것은 아무래도 창가였다. 창이 그저 뚫린 것이 아니라, 벽의 한가운데에 다리 뻗고 앉을 만큼의 넉넉한 턱이 있고 그 턱의 끝에 창이 나 있는 것이다. 자연광을 조명 삼아 책을 읽거나 차를 마시기 좋은 공간. 그렇게 하라는 듯, 턱에는 도톰한 담요가 깔려 있고 등받이용 쿠션도 넉넉했다. 건물 외벽을 덮은 담쟁이와 장미 덩굴이 창틀을 슬쩍 감싸고 있어서 이파리가 바람에 나부낄 때마다 방 안이 수면처럼 일렁이며 반짝였다. 바깥의 기분을 고스란히 전해주는 방이었다. 비나 눈이 내린다면 가슴 뻐근하게 아름다울 것이 분명했다.

사진을 충분히 찍고 나서 침대에 누웠다. 헤드도 없는 침대, 얇디얇은 매트리스에 스프링은 삐거덕대고 이불은 단출했지만 아늑하고 충분했다. 방을 채우고 있는 풍요로운 빛 덕분이리라.

잘 부탁해. 나의 하얀 방. #스반홀름

사진 몇 장을 골라 인스타그램에 올렸다. 곧 누군가가 댓글을 달았다. "덴마크는 반지하도 로맨틱하네요ㅎㅎ" 바닥이 노란 장판이었다면 로맨틱이고 뭐고 없었겠지? 얄궂은 상상을 하며 그대로 첫잠에 빠졌다. 바닥은 나무 마루였다. 물론 새하얗게 칠해진.

깨끗한 한 끼

발소리가 들렸다. 쿠션 있는 운동화나 단단한 굽이 달린 구 둣발 소리와는 전혀 다른 둔탁한 소리였다. 발을 땅에 딛는 것이 아니라 땅바닥을 갈아버리겠다는 의지가 보이는 마찰력의 발소리. 척척척, 우당탕퉁탕, 한 무더기의 소리가 내 방을 지나쳐 점점 멀어졌다. 잠시 후엔 사뿐하고 느긋한 발소리가 또 한 무더기 지나갔다. 오후 4시, 게스트들이 퇴근하고 돌아온 모양이다.

방문을 슬쩍 열어보았다. 통로에는 아까는 없던 주사위만 한 흙덩이가 뚝뚝 떨어져 있었다. 나는 빵가루를 따라 집을 찾아가는 헨젤처럼 무리의 발자취를 따라갔다. 통로의 끝에 작고 동그란 로비가 나왔다. 무리는 로비를 지나면 보이는 부엌에 있었다. 냉장고를 뒤지는 사람, 수도꼭지에서 물을 직접 마시는 사람, 맥주를 따서 들이켜는 사람. 왁자지껄한 가운데 낯선 얼굴을 보고는 모두 "어?" 하다가 이내 "아~" 했다. "안녕!"을 주고받는 틈에 동거인들의 면모를 살폈다. 일본인 남자 하나와 한국인 여자 둘이 한 그룹, 그리고 서양인 여자 서넛이 한 그룹이었다.

두 그룹은 구별하기 쉬웠다. 앞 무리의 남자, 가구 디자이너 '요시'는 말투도 눈빛도 사근사근, 걸음걸이도 고양이처럼 사뿐했다. 두 여자, 한국의 대학생 자매는 긴 생머리가 갓 빗질한 듯 찰랑찰랑, 깨끗한 셔츠를 입었고, 메이크업이 무너지지 않은 얼굴이었다. 뒤 그룹은 하나같이 뭐랄까, 사지에서 돌아온 탕아들 같았다. 원래 색깔을 알 수 없게 바랜 옷에 구멍이 숭숭, 머리는 다들 하나로 질끈 묶었는데 헤드뱅잉을 여러 번 한 듯했다. 그런 몰골로 하나둘 카우치에 '털썩' 앉는데 그때마다 '펍!' 하고 먼지가 뿜어져나왔다. 앞 그룹은 빌딩그룹, 뒤 그룹은… 그렇다. 내가 함께 일할, 아니 나도 곧 저렇게 될 농부그룹이었다. 농부그룹의 인상적인 시청각적 자극을 옆에 두고 나는 차분히 착석해 신입의 임무를 수행했다. 자, 질문시간! 신입 썸머가 받은 질문은 총 3개였다.

"어디에서 왔어?"

"언제까지 있어?"

"왜 왔어?"

한국에서 왔고, 두 달간 머물 예정이며, 휴가라고 답했다. 다들 "어~" "그래~" "그렇구나~" 정도의 반응이었다. 빌딩그룹은 수줍었고 농부그룹은 의외로 차분했다. 누구도 캐묻는 질문은 하지 않았다. 그렇다고 무심하거나 시큰둥하지도 않았다. "그렇다"니까 "그런 것이구나." 하는 대화랄까.

같은 질문을 나도 했다. 한국인 자매는 며칠 후 떠난다고, 요시는 덴마크에서 1년간 워킹홀리데이를 하며 가구디자인 회사에서 인턴십을 마쳤다고 했다. 고등학교를 갓 졸업한 독일 소녀 '레오니'는 내일 스반홀름 곳곳을 구경시켜 주겠다고 했다. 대화를 나누는 사이 몇몇이 자리를 뜨더니 어디론가 사라졌다. 누구는 아예 없어졌고, 누구는 노트북을 가져와 페이스북을 훑거나 책을 읽었다. 그러다 서로에게 궁금한 게 생기면 툭툭 질문을 주고받았다. 나도 부엌을 둘러보다가, 대화에 끼었다가 했다. 모두 영어를 썼지만 억양은 제각각이었다.

그런 풍경 속에서 문득, 첫 공동체 생활이었던 캠프힐의 첫날이 떠올랐다. 북아일랜드 공항에서 마중 나온 공동체 관리자를 만나 숙소에 도착하니 독일인 봉사자 두 명이 환한 미소로 포옹하며 반겨주었다. 둘의 얼굴은 상기되어 있었다.

"썸머, 네가 와서 정말 좋아. 제빵 자격증이 있다면서? 다들 기대 중이야. 잘 지내자."

"반겨줘서 고마워. 나도 정말 기뻐. 최선을 다할게."

그들은 내 방에 직접 구운 웰컴 쿠키까지 놓아두었다고 했다. 완벽하게 다정하고 설레는 첫 만남처럼 보였지만, 나는 속으로 오들오들 떨고 있었다. 내 못난 구석이 들킬까 봐. 머릿속에서 조합한 영어와 실제 입 밖으로 나온 영어를 점검하느라 정신이 없었고, 둘이 하는 말을 대부분 이해하지 못했지만, 모두 알아들은 척 고개를 끄덕이며 되묻지 않았다. 잘 보이고 싶고 잘하고 싶었다. 한국에서 도망 온 자의 불안한 심리를 들키지 않기 위해 애썼다. 돌아보면 그날의 대화는, 먹는 법을 모르는 고급요리를 사이에 두고 맞선 상대와 함께 있는 자리 같았다. 그날 이후로 석 달 동안, 나는 방 안에 틀어박혀 울기만 하는 신세가 되었다. 유독 상냥한 목소리와 반짝이는 눈으로 나를 반겼던 아이와는 공동체에서 소문난 원수가 되었다.

그에 반해 오늘 스반홀름 동료들과의 만남은 아무 맛 없는 시골빵 한 덩어리를 뚝뚝 떼어 나눠 먹는 아침밥 같았다. 자극도 호들갑도 없는 대화. 누구도 누구에게 기대를 걸거나 기대를 심지 않는, 바라는 것이 없는 사이의 대화. 잘하겠다는 의지를 약속할 필요가 없는 대화. 아, 담백해. 있는 그대로를 말하며 고개를 끄덕이는 사이, 깨끗한 한 끼 식사를 마친 기분이 들었다. 많이 먹지 않았는데 충분히 배가 불렀다. 상대에게 눈길을 주다가, 자기 일에 집중하다가, 아무렇지 않게 모였다 흩어졌다 하는 우리들의 모습이 마치 철새들의 움직임 같았다. 그래, 이대로 북쪽 끝까지, 함께 가보는 거다.

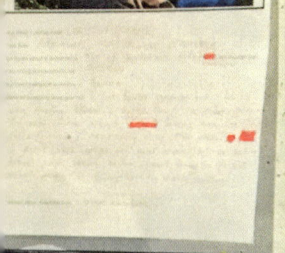

공동 식당 입구에는 게스트들이 직접 쓴 자기소개서가 붙어있다.

주요 등장 인물

썸머
한국. 일러스트레이터

새라
덴마크. 대학원생

Respect!

이다
덴마크. 새라와
대학원 친구(생물전공)

아사코
일본. 테라피스트

한나
덴마크. 농부그룹 책임자
스반홀르머

엘리자벳
스웨덴. 대학원생(산림경영)

마뉴엘
오스트리아
대학원생(복지, 사회학), 빌딩그룹

크리스틴
덴마크. 유치원 교사 지망생

요시
일본. 가구 디자이너
빌딩그룹

레오니
독일. 고등학교 졸업 후 갭이어 중

울라
덴마크. 카페 매니저
키친그룹

이바나
체코. 대학생(법학)

머렉
체코. 대학생(조경)

couple

썸머! 밖으로!

아침 7시. 알람 소리에 눈이 번쩍 뜨였다. 곧장 샤워실로 내달렸다. 거주자가 8명인데 세면대는 하나, 샤워는 그나마 두 칸, 화장실은 심지어 남녀 구분 없이 한 칸뿐이었기 때문이다. 그런데 웬걸, 7시 반이 되도록 공용 공간이 고요했다. 샤워를 마친 후 부엌에서 우유와 시리얼로 아침을 만들고 있으니 어제보다 더 부스스한 몰골의 농부그룹 멤버들이 나타나 "굳모닝~"하고는, 호밀빵 덩어리를 슬라이서에 넣더니 숭덩숭덩 잘라 하나씩 입에 물었다. 다들 고양이 세수만 하고 일을 나갈 본새였다.

방으로 돌아와 첫 근무를 위한 작업복을 입었다. 어제 레오니를 따라간 창고에서 챙겨온 것들이다. 그곳에는 노동자의 교복이라 할 수 있는 체크셔츠부터 청바지, 멜빵바지, 모자, 장화는 기본이고, 입는 순간 패셔니스타가 될 법한 항공 점프슈트까지 없는 게 없었다. 게스트들이 떠날 때 두고 가거나 스반홀르

 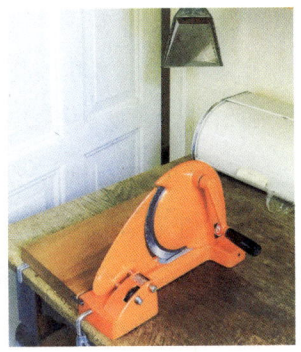

덴마크식 빵 슬라이서Danish bread slicer. 왼쪽이 고전적인 형태. 나무 거치대와 칼의 조합으로 거치대에 빵을 얹고 무쇠 손잡이를 들었다 내리면 썰린다. 사 오고 싶었지만 너무 무거워 엄두를 낼 수 없었다.

머들이 내놓은 옷들이었다. 아쉬운 건 160cm가 채 안 되는 나에게는 하나같이 너무 컸다는 것. 그러니 크기만 얼추 맞으면 소재고 스타일이고 따질 형편이 아니었다. 여러 사람의 시간이 담긴 옷에 몸을 넣자, '어디에서 무엇을 하다 온'이라는 사연도 무의미해지는 듯했다.

공동체에는 거울이 귀했다. 세면장에 반신 거울 하나, 각자 방엔 벽거울이 하나씩 있었다. 내 방 거울은 하도 높이 걸려 있어서(내 키에는) 까치발을 해도 눈썹까지밖에 보이지 않았다. 전신 거울은 식당에 하나 있었다. 점심이나 저녁 식사를 하러 갈 때나 내 전신을 점검할 수 있다는 뜻이다. 나는 스반홀름의 '거울 거의 없음' 상태가 좋았다. 내가 나를 보지 않아도 된다는 해방감이랄까.

7시 50분. 동료들은 메인빌딩 앞 자전거 거치대에서 각자 자전거를 꺼내 타고 일터로 향했다. 레오니는 천천히 페달을 밟으며 길을 안내했고, 나는 뒤따라 걸어 패킹팩토리에 닿았다. 팩토리 내부는 이미 기계 돌아가는 소리와 활기를 강요하는 아침 라디오 소리로 시끌시끌했다.

팩토리 가운데 공간에 사람들이 슬슬 모여 누가 먼저랄 것도 없이 둥그런 대형을 이루기 시작했다. 게스트 외에 농부그룹에 소속된 스반홀르머 몇몇, 농업학교에서 인턴십을 온 학생들, 여자 대여섯 명과 상투머리 남자가 하나 있었다. 나도 눈치껏 끼어 섰다. 아무것도 하지 않았는데 벌써 농부가 된 기분이었다. '그래, 해보자!' 의지가 솟던 그때, 그가 나타났다.

"모두 안녕!"

큰 키에 듬직한 어깨, 부리부리한 눈, 굳센 콧대, 시원한 입매. 대체로 건장한 가운데 묘하게 어울리는 귀여운 뱅 스타일의 앞머리와 금발 포니테일! 농부그룹의 대장, 한나다! 그는 동그라미 안으로 척척 걸어오더니 나와 가볍게 눈을 마주치고는 싱긋 웃었다. "웰컴, 썸머!" 눈빛에 호의가 그득했다. 'Let me introduce my…' 자기소개라도 할 요량으로 머릿속으로 영작하며 입을 움찔거렸는데, 한나는 틈도 없이 오늘 일과를 읊기 시작했다. 일은 밭에서 하는 일과 팩토리 안에서 하는 일로 갈렸다. 몇몇이 밭으로 차출되고 나를 포함해 남은 사람들은 콩 고르는 일을 배정받았다. 누군가가 중얼거렸다. "또 콩이야? 지겨워!" 아, 콩 고르기란 지겨운 일이구나. 나는 재빨리 습득했다.

콩그룹은 컨베이어 벨트 앞으로 이동했다. 컨베이어 벨트라니⋯ 산업화, 분업화, 자동화의 상징! 인간을 인간답지 못한 노동으로 이끄는 도구, 종합적인 사고를 막고 단순하고 부분적인 노동에 길들여 결국 인간을 산업의 부품으로 만들어 버리는… 인격을 파괴하는 도구! 이래서 다들 콩 고르기를 싫어했구나!

우리는 벨트 앞에 일렬로 섰다. 사악한 기계의 전원을 켜자 탈탈탈탈탈! 굉음이 귀를 때렸다. 벨트의 왼쪽에서 한 사람이 콩을 흘리면, 탈탈 탈탈탈 소리에 맞춰 통통 통통통 콩이 튀어 오르며 벨트를 타고 오른쪽으로 이동했다. 그러는 동안 우리는 벌레 먹거나 부러진 콩을 골라 앞에 놓인 쓰레기통에 던졌다. 벨트의 오른쪽 끝에는 커다란 상자가 놓여 있는데 말짱한 콩만 그곳으로 와르르 떨어지는 것이다.

나는 입이 불쑥 나왔다. 이런 비인간적인 일이 첫 임무로 주어지다니. 삽이든 낫이든 농부다운 도구를 들고, 밭을 망치는 야생동물이나 종잡을 수 없는 악천후와 싸워가며 작물을 지키는 와일드하고 섹시한 그림을 그렸는데! 현실은 어둑한 공장 안에서 흐르는 벨트에 두 눈을 박고, 로봇처럼 양팔을 휘둘러 콩이나 던지는 일이라니 실망이었다. 하지만 뭐, 밭일의 비읍도 모르는 사람이니 이런 일부터 해봐도 나쁘지 않겠지. 요리사도 설거지부터 시작한다니까. 그런데 몇 분이나 지났을까? 결국 나는 느끼고야 말았다.

'뭐지? 이거 너무… 좋아. 너무 재밌어. 너무 신나!'

빠르게 지나가는 콩무더기 안에 숨은 작은 흠집! 만원 관중 야구장에서도 내 친구만은 내 눈에 쏙 걸려드는 것처럼 고걸 콕 잡아내는 쾌감! 불량 콩을 손끝에서 놓치고 아차 하면 다음 사람이 기가 막히게 낚아채 던져버리는데, 그것이 또 그렇게 통쾌하다. 하이 파이브라도 해야겠지만 콩이 계속 밀려오기 때문에 우리는 눈웃음만 주고받는다. Good Job!

"첫날부터 정신없지? 이게 도움이 될 거야."

한나가 다가와 큼직한 헤드폰을 씌워 주었다. 공업용 노이즈 캔슬링 헤드폰이었다. 엄청난 무게와 압박감에 얼굴이 찌그러질 듯했지만, 순간 세상의 소음은 사라지고 음악과 나, 그리고 춤추는 콩들만 남았다. 영화 『라붐』의 그 유명한 장면처럼! 헤드폰에서 흘러나오는 음악에 나의 뻣뻣한 관절도 박자를 타기 시작했다. 고개를 까딱까딱, 어깨를 들썩들썩, 팔을 휘이휘이 휘둘렀다. 우리가 던지는 불량 콩이 신나게 허공을 가로지르는데 바로 그때, 벨트가 뚝 멈췄다. 고장인가! 어서 고쳐줘! 한참 흥이 올라온 나는 어리둥절한데, 다들 이때다 싶게 장갑을 벗어던지고 벨트에서 물러났다.

"티브레이크Tea break~~~!" 벨트 시작점에서 콩을 흘려주던 남자가 외쳤다. 오전 10시 반, 이제 막 몸이 더워졌는데 벌써 쉰다고? 뭘 했다고? 기계를 돌려라! 나는 아직 배가 고프다!

"썸머! 밖으로!"

어깨를 떨구고 털레털레 창고 밖으로 끌려 나갔다. 햇살은 포근하고, 하늘에는 구름이 동실동실 떠 있었다. 우리는 우유 상자 크기의 플라스틱 컨테이너 박스를 하나씩 가져와 깔고 앉았다. 소피가 팩토리 부엌에서 홍차와 커피를 한 주전자씩 만들어 왔고, 누군가는 컵을 챙겨 왔다. 나는 차 대신 이곳 목장에서 짰다는 우유를 골랐다. 캠프힐에서처럼 이 우유도 전유Full fat milk에 가까울 것이다. 전유는 시판 우유처럼 새하얗지 않다. 유지방 때문에 연한 상아색을 띤다. 마시면 입안에 고소함이 그득

콩벨트 앞에서 즐거운(?) 농부그룹 멤버들. 왼쪽부터 이바나, 새라, 이다, 이다의 친구였던 손님, 레오니 그리고 썸머

들어찬다. 살찌는 데 최고다. 우유수염을 핥으며 멤버들에게 물었다.

"(이렇게 신나는) 콩 고르기를 왜 다들 싫어하는 거지?"

레오니는 당연하다는 투로 말했다.

"바깥이 좋으니까."

둘러보니 모두 양팔을 허리 뒤로 보내 박스를 짚고, 햇볕을 얼굴 전면으로 받아들이는 해바라기 자세를 하고 있었다. 눈은 지그시 감고 햇살을 폐포 하나하나에 밀어 넣듯 깊고 촘촘한 숨을 쉬었다. 햇살이 내리쬐는 것이 아니라 사람이 햇살을 끌어당겼다. 그늘에 앉은 사람은 나뿐이었다.

정말 이유는 그것 하나였다. 농부그룹 멤버들이 콩 고르기를 싫어하는 것은 분업화에 대한 저항이나 노동에 있어서 인간성 회복 목적이 아니었다. 정확히 말하자면, 콩 고르기가 싫은 것이 아니라 밖이 좋은 것이라 했다. 볕이 있으면 무조건 밖으로 나가고 싶다고!

우유가 든 컵을 비우며 동료들의 볼에 내려앉은 보송보송한 햇살을 가만히 바라보았다. 서울에 있었다면 한창 자고 있었을 이 시간, 아침의 햇살이란 살구색이 섞인 핑크빛 21호 파우더 같은 것이로구나. 구름이 움직여 내 자리에도 볕이 들었다. 따사로웠다. 나는 힙색Hip sack에서 선크림을 꺼내 얼굴에 빈틈없이 발랐다.

일 욕심

　식당에서 키친그룹이 준비해주는 점심 급식을 먹고 나면 다시 팩토리에 모인다. 기지개 한번 켤 틈 없이 하나의 오후 작업 브리핑이 이어진다. "머렉과 이바나는 당근밭으로. 썸머를 데려가."

　드디어 첫 밭일이다! 나의 밭메이트 머렉은 농부그룹의 유일한 남자, 바로 그 상투머리였고, 이바나는 고혹미가 흐르는 여자였다. 머렉은 내게 오후 티브레이크에 마실 음료와 컵 3개를 준비해 달라고 했다. 나는 보온병 2개에 각각 커피와 홍차를, 유리병에 우유를 담아 티타월로 감쌌다. 마음에 드는 디자인의 밀크글라스 3개를 골라 컨테이너 박스에 담고, 팩토리 앞에서 머렉과 이바나를 기다렸다. 둘은 자전거에 올라탄 채 나를 빤히 바라보았다.

　"어? 썸머, 자전거가 없어?"

　스반홀름에서 생활하려면 자전거가 꼭 필요하다는 것, 공동체 내 자전거포에서 빌릴 수 있다는 것은 정화에게 들어 알고 있었다. 하지만 주말엔 자전거포가 문을 닫으니, 금요일 오후에 온 나는 빌릴 도리가 없었다. "응! 아직 없어." 천진난만하게 눈만 깜빡이고 있는데 그때, 또 그가 나타났다. 금빛 조랑말, 한나!

"트랙터로 데려다줄게."

머렉과 이바나는 자전거로, 나는 한나의 트랙터 짐칸에 앉아 밭으로 향했다. 밀크글라스가 달그락달그락, 보온병 밖으로 삐져나온 티백 자락이 펄럭였다. 공동체를 빠져나와 울퉁불퉁한 시골길을 몇 분 달리자 너른 밭이 나왔다. 한나는 나를 내려주면서 엄지를 한 번 치켜세워 주고는 홀연히 사라졌다.

곧바로 오후의 일이 시작되었다. 머렉이 먼저 밭이랑에 삼지창을 푹 찔러넣고 위아래로 흔들어 땅을 느슨하게 만들었다. 이바나와 나는 밭이랑을 하나씩 잡고 머렉의 뒤를 따라가며 당근을 수확했다. 흙 밖으로 길게 솟은 이파리를 움켜잡고 쑤욱 들어 올리면, 서늘하고 촉촉한 속흙을 밀어내며 당근이 후두둑 딸려 나왔다. 그때마다 흙내음이 퍼졌다. 이곳의 당근은 그동안 알던 것보다 훨씬 선명하고 투명한 주홍색이다. 당근을 캐낼 때마다 검은 흙 안에서 빛이 터져 나오는 듯했다. 새봄 같은 이파리에는 연둣빛이 돌았다. 너무나 여리고 보드라워 스칠 때마다 손바닥이 간지러웠다.

당근 하나에 감탄 한 번, 이파리 한 줌에 사진 한 장을 찍어가며 밭이랑을 훑었다. 쪼그린 자세에서 시작해 어느덧 무릎을 꿇고 밭이랑을 가랑이에 끼운 채 기어가는 모양새가 되었다. 머렉이 땅을 잘 풀어놓은 덕에 당근은 무리 없이 끌려 나와 밭고랑에 수북이 쌓였다. 주홍과 연두의 색 무더기. 수확이란, 밭에서 색을 캐내어 땅을 채색하는 일이었다. 그때 귀에 익은 목소리가 들렸다.

"티브레이크~!"

나는 또 속으로 되물었다. '뭘 했다고?' 밭이 그대로 카페 테라스가 되었다. 컨테이너 박스를 뒤집어 테이블을 만들고 티타월을 테이블보 삼아 덮었다. 흙바닥에 앉은 채로 둘은 커피를, 나는 홍차를 조금 탄 우유를 마셨다.

스반홀름의 일꾼들은 하루 세 차례 휴식시간을 갖는다. 오전 10시 반에 티브레이크, 12시에 점심시간, 다시 오후 2시에 티브레이크를 갖고 오후 4시면 퇴근한다. 일 좀 할 만하면 쉬는 느낌이다. 농활이라면 허리 한번 못 펴고 모내기를 했다든가, 화장실 한번 못 가고 종일 배추를 뽑았다든가 하는 무용담을 수집해야 하는데, 이래서 일이 될까 싶지만 이곳은 그게 된다.

머렉과 이바나는 체코에서 온 커플로, 세계 이곳저곳을 여행 중이라고 했다. 나 같은 자원봉사자 성격의 게스트가 아니라 급여를 받는 비정규 직원이었다. 스반홀름에는 여행경비를 벌러 오는데, 여행하다가 돈이 떨어지면 다시 오는 등 한 해에 여러 번 올 때도 있단다. 전공은 조경과 법학이지만, 그와 관련된 일을 할 생각은 없고 계속 떠돌 예정이라고. 둘은 까다롭지 않았고, 잘 웃었고, 모든 것을 차근히 설명해줬다. 자주 오는 만큼 농사일에도, 어리바리 신입 게스트를 대하는 데도 정통한 듯 보였다.

티브레이크가 끝나가는 게 하나도 아쉽지 않을 만큼 나는 어서 일을 하고 싶었다. 도시에서 온 풋내기가 갓 캐낸 당근을 파란 하늘에 가져다 대고 사진을 찍는 동안, 이바나의 밭이랑은 빠르게 비어갔다. 저만치 앞서서 척척 당근을 뽑아 양쪽 고랑에 내놓는 그의 뒷모습이 아스라했다. 나는 마음이 급해질 법도 한데 이상하리만치 느긋했다. 그렇다고 게으름을 피우지도 않았다. 볼 것, 느낄 것, 생각할 것 다 해가며 내 속도대로 시간을 꽉 채워 내 몫의 이랑을 정리했다. 커플도 나를 재촉하지 않았다.

오후 4시가 가까워지자 머렉과 이바나는 있던 자리에서 그대로 손을 털고 일어났다. 아직 일이 남은 내 이랑을 내려다보는데 잔업 근성, 야근 본능이 솟았다. 조금만 더 하면 될 듯한데… 벌초를 하다가 말벌집을 건드려 절반만 밀어버린 산소를 두고 하산하는 기분이었지만, 어렵게 내려놓고 커플을 따랐다. 당근을 컨테이너 박스에 옮기는 사이, 한나가 돌아왔다. 나는 당근 더미와 함께 트랙터에 실렸다. 이번에는 티백 자락 대신 당근 이파리가 나풀거렸다.

팩토리에는 한나가 이 밭 저 밭을 돌며 수거해온 작물이 세척과 포장을 거친 후 가지런히 놓여 있었다. 레스토랑이나 협동조합의 주문에 따라 출하 준비를 마친 상품들이었다. 스반홀름의 농산물은 유기농인 데다 품질이 우수해 좋은 값을 받는다고 한나가 어깨를 으쓱거렸다. 코펜하겐의 미슐랭 레스토랑 노마 Noma에도 납품한다면서.

나는 컨테이너 박스 2개를 쌓고 그것을 발판 삼아 높이 올라가 녀석들을 한눈에 내려다보았다. 노랑, 보라, 빨강, 주홍, 연

두, 초록, 청록… 채도 높은 물감만 골라서 짜놓은 천연의 팔레트였다. 이곳의 자연물은 너무도 선명해 형광빛이 돌 정도다. 싱그러운 이파리로 뒤덮인 밭을 보노라면 눈이 시려올 정도다. 색은 빛의 일이니, 그렇다면 농사도 빛의 일이다.

모양은 또 얼마나 다채로운지. 뾰족하고 울퉁불퉁하고 납작하고 뒤틀린 이것들을 땅에서 떼어낼 때 어떤 소리가 날까? 어떤 냄새가 날까? 내 무릎은 어디에 닿아 있을까? 내 손은 어떤 모양을 할까? 나는 내일의 밭일이 궁금해 안달이 났다. 앞으로 두 달간 녀석들을 골고루 만나도록 임무가 주어졌으면 좋겠다고 생각했다. 녀석들이 어디에서 왔고 어떻게 왔는지 이제는 알기에, 그래서 가질 수 있는 일 욕심이었다.

나의 덴마크식 따릉이

"썸머, 오늘 점심시간에 자전거포 아저씨를 잡으러 가자!"

공동체에 들어온 지 수일이 지났지만, 아직도 자전거를 빌리지 못했다고 하자 한나가 소매를 걷어붙였다. 자전거포 아저씨는 자전거 수리와 대여 업무뿐만 아니라, 빌딩그룹에 속해 이런저런 유지보수 일도 하고 있다. 때문에 몇 번을 찾아가도 자전거포 문은 닫혀있기 일쑤였다. 길에서 아저씨를 마주친다 한들 다른 일에 붙들려 있다면 자전거를 빌릴 수 없다. 이렇게 저렇게 여러 번 기회를 놓친 터였다.

한나는 우리의 작전이 좀 미안한 일이라고 했다. 점심시간은 모두가 온전히 보장받아야 하는 휴식 시간인데 일 이야기를 꺼내는 것은 실례라고, 하지만 자전거 없이는 당장 먼 밭에 나갈 수 없으니 어쩌겠냐며 어깨를 으쓱했다. 나는 또 빠르게 룰을 습득했다. '휴식 시간 절대 보장!'

식당으로 향하기 전 재빨리 숙소에 들러 전 재산인 500크로네(kr, 덴마크 화폐단위. 한화로 약 10만 원)짜리 지폐를 챙겼다. 자전거를 빌리려면 200크로네를 보증금으로 내야 하기 때문이다. 300크로네를 거슬러 받으면 당분간은 버틸 수 있으리라 생각했다.*

드디어 점심시간, 한나는 아저씨가 식사를 마치고 식당을 떠나려는 찰나를 포착했다.

"농부그룹에 새로 온 썸머예요. 이 친구 자전거 좀 빌려주세요."

"여기 보증금도 챙겨왔어요."

두 여자가 굽신굽신하자 아저씨는 귀찮다는 표정으로 한숨을 내쉬며 따라오라고 했다. 한나는 아저씨 모르게 내게 윙크를 했다.

아저씨를 따라 드디어 문 열린 자전거포를 볼 수 있었다. 자전거 매장 못지않게 엄청난 수의 자전거가 바닥이며 천장에 잘 정비되어 있고, 수리 장비가 빼곡했다. 아저씨는 고민 없이 성인용 자전거를 하나 꺼냈다. 나는 고개를 절레절레 저었다. 여기 사람들이 흔히 타고 다니는 튼튼한 자전거였지만 문제가 하나 있었다. 나는 자전거에서 겨우 떨어지지 않는 수준으로, 직진과 좌우회전만 가능한 라이더니까. 아저씨에게 용건만 간단히 말했다.

"어린이용 주세요."

아저씨는 잠깐 멈칫하더니, 역시 귀찮으니 어서 보내버리

---

* 당시 나는 어떤 사연으로 빈털터리였다. 요시가 빌려준 이 500크로네가 전부였던 사연은 책의 중반부에서!

자는 듯한 얼굴로 덴마크 초등학생이 탈법한 자전거를 내주었다. 서울시 공유자전거 '따릉이'보다 약간 작고 낮았다(이곳의 성인용 자전거는 말도 못 하게 높다). 검정 일색인 성인용 사이에서 어린 이용답게 프레임도 노랑노랑! 몹시 만족하고 500크로네를 아저씨에게 건넸다. 그는 임대 장부에 'Summer. 500크로네'라고 적더니 장부를 덮고 자전거포를 나가버렸다. 내가 "어…어?" 하는 사이 아저씨는 "잔돈이 없어. 떠날 때 500크로네로 받아 가렴"이라는 말로 상황을 종결했다.

전 재산을 저당 잡히고 다시 무일푼이 되었지만 이제 트랙터 신세를 지거나 파워워킹할 필요 없이 먼 밭으로, 식당으로, 숙소로 동료들과 함께 다닐 수 있다는 생각에 기뻤다. 설레는 마음으로 노랑 따릉이를 타고 곧바로 오후의 밭일에 출정한 나는, 자전거의 크기나 높이보다 더 치명적인 문제가 있다는 사실을 이내 깨닫고 말았다.

우선, 두 손 중 최소 하나를 핸들에서 놓을 줄 알아야 한다. 덴마크에서는 자전거의 위상이 차와 진배없기 때문에 자전거 역시 좌회전, 우회전 신호를 해야 한다. 뒤에 차가 있건 없건 상관없이 습관적으로 한다. 차가 거의 없는 공동체 안에서는 상관없었지만, 먼 밭으로 가기 위해 일반 도로로 들어서는 순간부터는 꼭 해야 한다. 우회전 때는 오른팔을, 좌회전 때는 왼팔을 어깨와 수평으로 쭉 뻗는다. 구구단으로 치면 8단 정도에 해당하는 기술이랄까. 물론 나는 핸들에서 손을 단 1초도 떼지 못하지만.

그렇다면 9단은? 주행 중에 차선을 바꾸거나 교차로에서 대각선으로 가로지를 때, 고개를 뒤로 돌려 차가 오는지 확인하거나 뒤차와 신호를 주고받는 기술이 바로 그것이다. 나는 고개는커녕 눈동자도 좌우로 돌리지 못했다. 무조건 전방주시. 차로 친다면 백미러 없이 운전하는 것과 다를 바 없는 상태였다. 그래도 노력해 볼 참이었지만 어이없는 곳에 10단이 도사리고 있었다.

하루는 혼자서 공동체 근처의 한산한 도로를 안.전.히. 라이딩하고 돌아왔는데 새라가 나를 붙잡더니 엄숙, 근엄, 진지하게 물었다.

"썸머, 왜 역주행을 하는 거니?"

응? 역.주.행.이라니? 그 말은 자전거에도 차선이 있다는 뜻?

"아까 밖에서 너 봤는데 역주행하더라. 위험했어."

살아 돌아와 다행이라는 눈빛의 새라를 나는 이해할 수 없었다. 차와 내가 서로 마주 보고 달려야 차도 나도 서로의 존재를 인지하고 잘 대처할 수 있는 것 아닌가? 나는 고개도 돌리지 못하는데, 어떻게 생긴지도 모를 차가 내 뒤에서 스멀스멀 다가온다고 상상하니 식은땀이 흘렀다. 새라에게 나의 자전거 운행 철학을 일리 있게 설명했지만 새라는 고개를 저었다.

"뒤차를 믿고 가. 도로에서는 차가 자전거보다 강자니까 차가 널 돌볼 거야. 네가 도로 가운데로 달려도 차가 기다려 주거나 아니면 빙 둘러서 앞지를 테니 걱정하지 마. 쪼그라들지 말고 넌 그냥 자전거답게 달려. 무엇보다, 역주행은 불법이야. 단속에 걸리면 범칙금이 어마어마해."

어쩐지 같은 차선에서 마주 오던 차가 경적을 가볍게 빵! 울리고 가길래 '시골에서 검은 머리 외국인을 봐서 신기한가?' 하고 말았는데, 새라가 알려주지 않았더라면 언제고 큰 민폐를 끼치거나 곤경에 처할 상황이었다.

손을 놓고, 뒤를 보고, 차를 믿어야 하는 것이 자전거라니…. 내가 아는 자전거는 그렇지 않았다. 나는 초등학교 6학년이 되어서야 반 친구 세진이에게 자전거를 배웠다. 발육이 남다르고 모든 운동을 잘하던 세진이와, 다리가 성치 않아 모든 운동이 금지된 내가 어쩌다 절친이었다. 점심시간이면 아이들은 운동장 흙바닥에 놀이판을 그리고 쫓고 쫓기는 놀이를 했다. 세진이는 교실에서 혼자 책만 읽어도 행복했던 나를 기어코 끌어내 운동장 스탠드에 앉히곤 했다. 어차피 놀이에 끼지도 못하는 내게 규칙을 가르쳐 주었고, 서 있기만 해도 되는 역할이 생기면 깍두기 삼아 기용해 주었다. 놀이라는 이름의 세계를 가르쳐 준 아이였다. 그러던 어느 날, 세진이는 나를 자기 집으로 데려갔다. 그리고 자전거에 나를 앉혔다.

"자전거가 기울면 기우는 반대쪽으로 핸들을 살짝 돌려. 휙 꺾으면 안 돼. 천천히 돌려도 자전거는 쓰러지지 않아. 그리고 모서리를 돌 때는 생각보다 크게 돌아야 해. 비-잉 크게 돌아!"

나는 세진이네 집 마당에서 여러 번 넘어지며 필수기술 두 가지를 겨우 터득했다. 그러다 며칠 뒤에는 세진이가 자전거에서 손을 뗀 줄도 모른 채 씽씽 달렸다. 그리고 30년 후, 나는 그 수준 그대로 자전거의 나라 덴마크에 와 있다. 여기 사람들은 처음부터 바퀴 위에서 태어난 것 같다. 어린아이도 두 손을 놓고 자전거를 타고, 뜨개질을 하거나 고양이를 쓰다듬으며 달려도 이상할 게 없는, 기술자들의 나라다.

새라는 내게 공동체 안에서 손 놓기와 고개 돌리기를 연습하라고 했다. 물론 잘할 수 있을 때까지 밖에서는 시도 금지! 나는 겁에 질려 징징거렸다. "오른손은 잘 놓는데 왼손을 못 놓으면 어떡하지? 고개가 왼쪽으로는 잘 돌아가는데 오른쪽으로 안 돌아가면 어떡하지?" 새라는 단호하게 말했다. 여기 시골에서는 그렇다 쳐도 이 상태로 코펜하겐에 나가 자전거를 탄다면 "너는 분명 죽는다"고.

그날 이후, 나는 동료들 사이에서 요주의 라이더로 지정되었는지, 밭에서 퇴근할 때면 꼭 누군가 나를 기다려 함께 공동체로 출발했다. 주행 중엔 앞뒤로 붙어 내가 허튼짓(?)을 못 하도록 했다. 길을 건너야 하면 모두 멈췄다가 "썸머! 빨리!" 하고 외치며 나부터 건너게 했다. 바퀴가 작은 내 자전거에 맞추느라 녀석들의 큰 자전거는 더디게 굴렀다. 그러다가도 공동체에 다다르면 언제 그랬냐는 듯 자기들 속도로 쌩하고 가버렸다. 몇몇은 궁둥이를 안장에서 떼고 씰룩씰룩 내달리는 기술까지 선보였는데, 하… 저건 또 몇 단의 기술인 걸까!

자전거를 배우는 곳이 꼭 태어난 곳일 필요는 없지. 자전거 안장을 잡아 주는 사람이 꼭 아빠일 필요는 없지. 나는 핸들에서 손 하나를 뗄 수 있을 때까지, 여유롭게 뒤를 돌아볼 수 있을 때까지 녀석들의 야물딱진 궁둥이를 따라 이 길을 달릴 테다. 스반홀름의 세진이들아, 잘 부탁해!

내 몫의 세상을 움켜쥔다

노랑 따릉이가 생긴 날부터 공동체 이곳저곳을 더 멀리, 더 깊게 산책하고 있다. 공동체 바깥은 겹겹이 언덕이지만 내부는 잘 닦인 평지인 데다 곳곳에 아기자기한 시설이 있어 자전거 산책은 매일 해도 질리지 않는다.

공동체는 메인빌딩 앞과 뒤, 크게 두 구역으로 나뉜다. 앞쪽으로는 식당, 유치원, 집 몇 채, 스토어 등 주로 사람들이 생활하는 시설이 들어서 있다. 카페를 겸하는 스토어에서는 우리 농장에서 재배한 작물이나 소금, 오일 등 품질 좋은 유기농 공산품을 입고해 판매한다. 근처 마을에 사는 사람들이 주 고객이고 지나다가 간판을 발견하고 들르는 사람들도 있다. 명색이 스토어인데 수익을 내겠다는 치열한 의지는 도통 없다. 인기 없는 미술관에 있을법한 느긋한 기념품 가게 느낌이랄까?

공동체 사람들도 스토어를 이용하는데 상점보다는 카페로 찾는다. 나 역시 지금은 밭일의 매력에 빠진 흙투성이지만 도

시인간의 갈망을 무시할 수 없었다. 왠지 찌뿌둥할 때면 밭에서 돌아와 샤워하고 나름 귀여운 옷을 입고 스토어에 간다. 일꾼이 아닌 손님이 되어 테이블을 잡고 그림을 그리다가 핸슨 아이스크림Hansens*을 한 스쿱 주문하는 호사를 부리면 카페 금단현상이 가신다. 아무것도 하지 않더라도, 아니 아무것도 하지 않기 위해 카페에 앉아 보내는 '허송세월'이 없는 삶이란 상상하고 싶지 않다.

* 고전적인 맛과 일러스트레이터 매즈 베어Mads Berg의 디자인, 그리고 비싸기로 유명한 덴마크 아이스크림 브랜드. 스반홀름에서 멀지 않은 곳에 제조공장이 있고 스반홀름의 목장에서 이곳에 우유를 납품하고 있다.

메인빌딩 뒤로는 자연이 펼쳐진다. 완만한 잔디 언덕과 손바닥만 한 호수가 있는데 스반홀르머들은 이곳에서 텐트를 치고 자기도 한다. 멀리 갈 것 없이 집 뒤에서 캠핑 기분을 내는 일상. 이런 여유로운 시설과 환경은 모두의 재산으로 꾸려지고 누구나 누릴 권리가 있다. 잠시 머무는 게스트 역시 햇살이 좋으면 매트리스를 끌고 나와 그 위에서 책을 읽거나 낮잠을 즐긴다. 문자 그대로 선베드Sunbed인 셈.

잔디 언덕의 아래로는 깊은 숲이 이어진다. 걷고 싶을 땐 숲 입구의 만만한 나무에 자전거를 세워 둔다. 공동체 안에서는 자물쇠가 필요 없다. 사람들의 걸음으로 생긴 길을 따라 걷다 보면 돼지들을 위한 진흙 목욕탕도, 목동과 양치기 개가 쉬어가는 오두막도 나온다. 어떤 표식도 울타리도 없는 숲 그대로의 숲. 빨간 망토를 두른 채 걸으면 늑대가 와서 말을 붙일지도 모른다. 숲의 끝에는 너른 들이 있는데 우리 목장의 소들이 풀을 뜯는 곳이다. 어둑한 숲을 관통하는 오솔길의 끝에서 터져나가듯 펼쳐지는 이 들판이 나는 참 좋다. 빛에서 어둠으로, 다시 빛으로!

숲 끄트머리에 서서 한가로운 소들을 바라보곤 한다. 한번은 늘 느긋하고 순해 보이던 녀석들이 동시에 일어나 어디론가 뛰는 순간을 마주했다. 두두두두두 소들의 발굽에 들판이 진동하고 육중한 기세가 내 발바닥까지 고스란히 전해졌다. 들판과 숲 사이에는 울타리도 없는데, 저들 중 하나가 내 쪽으로 뛰어들면 어쩌나 겁이 잔뜩 났다. 다행히 소들은 인간 따위에 관심을 두지 않고 갈 길을 갔다. 만물의 영장이라며 잘난 척하는 인간이지만 500kg이 넘는 소가 보자면 한 주먹 아니 한 발굽 거리도 안 된다. 어쩌면 소들은 맑고 큰 눈을 끔뻑이며 이 졸보들의 사정을 봐주고 있는 것일지도 모르겠다.

공동체에는 사랑스러운 장소가 많다. 가장 좋아하는 곳을 고르라면 두 곳을 놓고 우열을 가릴 수 없는데, 첫 번째는 꽃밭이다. 말 그대로 '꽃'이 피어 있는 '밭'인데 관상용이 아니라 판매용으로 꽃을 재배한다. 재밌게도 우리가 수확해 납품하는 방식이 아니라 꽃이 필요한 사람이 직접 따간다. 노지에 잔뜩 핀 꽃을 꽃가위를 들고 와서 사고 싶은 만큼 잘라가며 값을 치르는 시스템. 집에서 멀지 않은 곳에 꽃을 파는 밭, '가게'가 아니라 '밭'이 있다는 것은 어떤 느낌일까? 방금까지 흙에 뿌리를 박고 물을 빨고 볕을 향해 빳빳이 고개를 치켜들고 있던 꽃을, 필요할 때 직접 수확해 갈 수 있다니!

꽃밭만큼이나 내 마음이 자주 찾는 곳은 빨래 건조터다. 텅 빈 공간에 나무 기둥이 열과 종을 이루며 세워져 있고 위로는 세모 지붕이 단출하게 얹혀 있다. 기둥 사이로 이어진 빨랫줄에는 아기 양말부터 침대보까지, 150여 명이 입고 덮는 다양한 크기와 종류의 천이 빼곡하게 드리워 있다. 사방이 뚫린 곳이라 바람이 불면 빨래 떼가 동시에 한 방향으로 들썩이고 출렁이는 장관을 볼 수 있다. 그 곁에 퍼져 나오는 세제 향기는 또 얼마나 청량한지, 내가 다 깨끗해지는 기분이 든다. 가정마다 건조기나 스타일러를 갖추는 시대라지만 아직 햇살 건조의 맛을 아는 세대가 있는 덕에 보존된 멋진 공간이다.

나의 살림에도 빨래를 내걸 수 있는 어엿한 마당이 생기는 날이 있을까? 손바닥만큼이라도 좋을 텐데. 막상 그때가 왔는데 대기오염이 지금보다 심하면 어떡하지? 햇살 건조는커녕 전면 실내 인간으로 살아야 하는 시대라면? 그것은 그때의 문제고 지금은 누구 것인지 알 수 없는 셔츠와 치마들 사이에 내 빨래를 넌다. 패턴도 디자인도 묘하게 다른 내 옷이 이곳의 옷들과 함께 하나의 햇살 아래 보송보송 말라가는 모습을 바라본다. 내게 주어진 시대, 내가 찾아온 공간… 내 몫의 세상을 이렇게 움켜쥔다.

판매용 꽃밭과 꽃을 사러 온 지역 주민들

공동체 내 어린이집의 낮잠을 위한 야외공간. 요람마다 주인 아기의 사진이 걸려 있다. 스스로 드나들도록 유아용 사다리도 귀엽게! 나무 기둥에는 손잡이를 돌리면 자장가가 흘러나오는 오르골이 달려 있다.

(왼쪽) 숲속 오두막. 커플들이 데이트를 하거나 야영하러 가는, 스반홀름에서 가장 사랑이 넘치는 공간이다.

철학하는 잡초

스반홀름의 나날이 쌓여가면서 올빼미였던 나도 이제 밤 10시만 되면 고꾸라져 잠든다. 낮에 몸을 쓰니 그렇고 밤에 딱히 할 일이 없어서 그렇다. 기상 시간은 아침 7시. 공기 맑은 시골에서 좋은 밥 먹고 9시간을 푹 잤으니 개운할 법도 한데 실상은 그렇지 않다. 일어나기가 죽도록 힘들다. 알람이 울리면 "아악, 내가 무슨 영화를 얻자고 여기에 왔을까!" 하며 베개에 머리를 몇 번이나 박은 후에야 겨우 몸을 일으킨다.

혹시 '저혈압은 아침이 힘들다'는 말을 아시는가? 혈압이 낮으니 밤새 축 처진 몸 곳곳에 피를 돌리는 시간이 보통보다 길고 힘든 거라고. 나도 지인들도 대체로 저혈압이다 보니 우리끼리 그 이론을 어느 정도 믿었는데 여기에서 보니 그 이론은 수정이 필요한 듯하다. 누가 봐도 고혈압에 태양인 재질인 농부그룹의 당찬 소녀들도 아침만큼은 '내 심기를 건드리는 자, 큰 낭패를 볼 것이야!'라는 표정으로 어기적어기적 팩토리에 기어들어 가기 때문이다. 그렇다. 아침은 모두에게 힘든 것이었다. 머렉, 이바나 그리고 대장 한나를 빼고!

셋은 아침 활력파다. 청일점 머렉은 익살맞은 큰오빠, 아니 밭오빠다. 오만상을 한 여자들이 하나둘 들어오면 "아호이 Ahoi~"*라는 알 수 없는 인사를 소리 높여 건넨다. 그러면 여자들은 무방비 상태에서 옆구리라도 푹 찔린 듯 피식 웃으며 얼굴을 편다. 이바나는 늘 웃고 늘 친절하고 늘 배려한다. 그는 건강한 아우라를 후광처럼 달고 다녔는데 알고 보니 마스터급 요가 수련자였다. 마지막으로, 한나는 두 초등학생의 엄마다. 아침마다 전쟁을 치르고 출근할 텐데도 지친 기색은커녕 곧 트랙을 달릴 경주마의 기세로 성큼성큼 입장한다. 그러면서 〈오늘의 할 일〉을 주르륵 읊는데, 늘 "와우, 오늘도 일할 수 있어 행복해! 모두 같은 생각이지?"라는 톤이다. 본인부터 이렇게 신이 나 있고 우리들의 신도 잊지 않고 챙긴다.

"얘들아, 나를 따라 해봐. 어서어서."

한나가 오늘은 이상한 것을 하나 더 추가해 신이 나 있다. 커다란 공을 머리 위로 들고 있는 모양새로 양팔을 벌려 쭉 뻗으란다.

"빅토리의 V야. 이렇게 20초만 있으면 기분이 좋아진대. 근거? 그냥 믿으면 돼. 봐. 나는 벌써 기분이 좋아졌어. 아까보다 안색이 밝아졌지?"

다른 사람이었다면 "당신은 원래 기분이 좋았다고요. 올웨이즈!"라고 타박했겠지만 나는 한나에게 자발적으로 세뇌당한

* 독일어 감탄사. 바다에서 어부가 다른 배를 부르는 소리라고 한다.

대장 한나. 사진만으로도 승리의 에너지가 느껴지지 않는가!

지 오래였다. 그의 기운은 너무 가깝지 않으면서 살갑고, 강압적이지 않으면서 무게감이 있었다. 듬직한 리더와 명랑한 꼬마가 한 몸에 다 들어 있는 여자였다. 한나를 보고 있으면 '즐거운 일을 하거나 일을 즐겁게 하거나 둘 중 하나를 제대로 하는 사람'이라는 생각이 들었다. 물론 둘 다 하는 중일 수도. 한나교의 신도인 나는 충만한 믿음으로, 몇몇은 마지못해 V 자세를 취했다. 충분히 만족한 교주가 외쳤다. "볕이 좋구나. 잡초를 뽑자. 자, 모두 로즈메리밭으로!"

"으악!" 승리의 에너지를 애써 북돋고 있던 V들이 갑자기 비명을 질렀다. 두 달간 지켜보니 동료들은 잡초의 지읒, 즉 Weed의 W만 나와도 사색이 되었다. 아직 W의 실체를 모르는 나 혼자만 '바깥일이 좋다는 애들이 왜 이러지?' 하며 한나의 찰랑이는 포니테일을 따라 순순히 로즈메리밭으로 향할 뿐이었다. 밖으로 나가기에 앞서 선크림 바르기를 잊지 않고!

로즈메리밭은 향부터 달랐다. 고수나 티미안Thyme 같은 다른 허브와 딸기를 재배하는 밭이 곁에 있었기 때문이다. '밭'보다 '정원'이라는 표현이 어울리는 로맨틱한 조합이지만 내부 사정은 "으악!" 할 만했다. 이것은 내가 알던(꽃집이나 화단에서 보던) 로즈메리가 아니었다. 상식을 단단히 벗어난 잡초가 로즈메리를 잠식하고 있었는데, 잡초라면 길든 짧든 여하튼 풀의 형태여야 하지 않나. 그런데 로즈메리를 먹어 치운 잡초는 넝쿨이었다. 로즈메리 줄기 하나하나를 억센 넝쿨이 촘촘히도 휘감고 올라가 줄기 끝까지 점령하고 있었다. '와, 이걸 손으로 하나하나 뜯어내야 한다는 거지?' 엄두가 나지 않았다.

밭일은 보통 한 사람이 한두 이랑씩 잡고 다 같이 앞으로 쭈욱 나가며 하는데, 로즈메리밭은 도대체 어디가 이랑인지 고랑인지, 무엇이 로즈메리인지 잡초인지 구별이 되지 않았다. 우리는 안개 속 고지를 향해 무작정 달리는 군대처럼, 우르르 밭으로 들어가 눈에 보이는 대로 넝쿨을 제거하기 시작했다. 마구 뜯어냈다가는 로즈메리가 함께 뜯기거나 상처를 입는다. 엉킨 실타래를 풀 듯, 한 올 한 올 조심스레 골라내 처리해야 했다. 우리는 점점 말을 잃어갔다. 후드득 잡초 뽑혀 나가는 소리만이 밭을 채웠다.

아니지, 농사일에 대해 조곤조곤 설명하는 한나의 목소리도 한결같이 그곳에 있었다. 농사 꿈나무도 아닌 우리에게 그저 할 일만 지시해도 될 터였지만 한나는 늘 우리가 하는 일의 목적이나 방향, 나중에 끼칠 영향까지 차근히 설명했다. Why, How,

Therefore, 왜 하는가, 어떻게 하는가, 그래서 어떻게 되는가 한 나의 말을 듣고 있으면 나 자신이 이 일에, 이 땅에 관여된 기분이 들었다.

"뽑은 잡초는 모아서 꼭 쓰레기통에 버려야 해. 밭에 내버려 두면 바로 그 자리에 뿌리를 내리고 다시 자라거든. 한 번 뽑았다고 해서 끝나는 게 아니란다."

심지어 방금 잡초를 뽑은 자리에 기어코 새 잡초가 올라올 거라는 말을 태연하게 했다. 우리는 투지를 상실했지만 한나는 아랑곳없이 잡초를 뽑아내며 말을 이었다.

"재밌는 사실을 알려줄까? 같은 밭에 같은 작물을 심었다 해도 매번 다른 잡초가 나온다니까! 땅의 컨디션에 따라, 그러니까 그때그때 땅에 모자라는 성분, 넘치는 성분에 따라 다른 잡초가 자란다구. 어떤 잡초가 나오는지 보고 거름의 성분을 조정하거나 다음에 심을 작물을 결정하기도 해. 마치 땅이 스스로 균형을 잡기 위해 필요한 잡초를 뿜어내는 것 같지 않니?"

스반홀름 농장은 잡초를 억제하거나 제거할 목적으로 농약이나 도구를 쓰지 않기에 농사의 모든 단계에 잡초가 있다. '심고 잡초 뽑고, 자라고 잡초 뽑고, 꽃 피고 잡초 뽑고, 열매 맺고 잡초 뽑고, 드디어 수확하고'를 반복한다. 돌아서면 다시 자라날 잡초를 헌신적으로 제거하는 노동이란 절망적이다. 그러나 한나에게 잡초는 밭이 인간에게 보내는 신호, 밭의 언어였다. 그는 잡초를 통해 땅을 이해했다. 그렇기에 한나, 그리고 농부들은 허무함과 무력감에 잡아먹히지 않을 수 있는 것일까.

내 인생에 농부와 땅, 잡초의 생태에 생각이 닿는 날이 오다

'분홍 꽃이 참 예쁘게도 피었네' 싶겠지만 콜라비밭이 뿜어낸 잡초다. 밭에서 가장 먼저 배워야 할 항목은 피아(彼我) 식별이다.

니…. 이 땅은 어떤 부탁을 하려고 나를 불러들인 걸까. 나는 어떤 밭일까. 아니, 잡초일 수도 있지. 내가 뿜어낸 말과 결정은 어떤 성질의 잡초였을까. 내 인생에서 뿌리 뽑았다 생각한 것들, 그런 일이 언제 있었던가 싶게 까마득해진 것들도 뽑힌 자리에 고스란히 다시 피어올라 나를 괴롭힐까. 질문을 거듭할수록 어느 것이 땅인지, 로즈메리인지 잡초인지, 나인지 너인지, 지금 여기에 와 있는 게 옳은 선택인지 알 수 없어졌다. 이 밭을 다 정리하고 나면 말할 수 있게 될까.

각자 생각에 잠겨 묵묵히 일하는 사이, 우리가 알고 있는 로즈메리가 한 그루 한 그루 늘고 그 사이로 나란한 흙길이 생겼다. 원래 있던 길이 이제야 보였다는 말이 맞겠다. 밭은 마치 빗으로 쓸어내린 머릿결처럼 단정해졌다. 로즈메리 한 그루의 정수리를 온 팔로 쓱 문질러 보았다. 시원하다고, 고맙다고 말하는 듯 녀석은 엄청난 향을 뿜어냈다. 너는 넝쿨에 잡아먹히는 동안에도 본성을 잃지 않았구나.

4시가 되자 일꾼들은 일제히 허리를 폈다. 아직 잡초 무덤이 몇 동 남아 있었다. 조금만 더 하면 말끔해질 텐데 누구도 그런 제안은 하지 않았다. 다들 먼지와 땀으로 지저분한데 표정만큼은 온천탕에서 나오는 사람들처럼 맑고 개운했다. 밭 옆에 산처럼 쌓인 잡초는 나중에 트랙터가 와서 수거 후 처분한다고 했다. 잡초가 어디로 가는지 아무도 묻지 않았다.

우리는 알고 있었다. 땅은 새로운 잡초를 올려 보내며 우리에게 다시 말을 걸어 올 테고, 우리는 내일도 밭에 나와 절망과 희망이 뒤섞인 노동을 태연히 반복하리라는 것을.

(오른쪽) 빗질 중인 티미안 밭. 잡초를 뽑으며 앞으로 나아가면 티미안의 노랑 꽃길이 농부들의 뒤로 펼쳐진다.

몸의 헌신 뒤에서 마음은 쉰다

"썸머는 잘도 숨기는구나?"
"응?"
이다가 내 다리를 빤히 내려다보고 있었다. 패킹팩토리 앞마당의 오후 티브레이크. 여섯 여자가 컨테이너 박스를 깔고 조로록 앉아 볕을 받는다. 모두 다리를 쭈욱 펴고 앉았는데 이다와 내 다리가 나란했다. 이다는 긴 청바지를 싹둑 자른 짧은 바지에 맨다리, 나는 반바지에 발목까지 오는 레깅스, 양말까지 신어 피부 한 점 바깥으로 드러내지 않았다. 극명한 대비. 핸드폰을 꺼내 나의 오른 다리와 그의 왼 다리가 한 장면에 들어오도록 담았다. 이다는 나를 말리기는커녕, 자기 다리를 가리키며 낄낄댔다.

"코끼리 다리 같지?"

캐러멜색으로 그을린 다리에 흙먼지가 두텁게 뭉쳐 있었다. 움직일 때마다 무릎 주름을 따라 먼지층이 쩍쩍, 가물은 땅처럼 갈라졌다. 이다는 우리 중 가장 체구가 크다. 그를 처음 마주한 날, 우리나라 여자 핸드볼 국가대표팀이 덴마크팀을 만났을 때 과연 이런 기분이었겠구나 싶었다. 큰 키에 굵은 뼈대, 그에 걸맞은 거침없는 동작까지, 나라면 경기 시작 전 양쪽 선수단이 인사를 주고받을 때 이미 다리가 풀렸을 것이다. 저 코끼리 앞다리, 아니 저 팔로 강속구를 내리꽂는 상상을 하면 나보다 한참 어린 이 녀석 앞에 두 손을 모으고 공손히 서고 싶어진다. 우리가 핸드볼 국가대표로 만나는 운명이 아니라서 얼마나 다행인지.

온몸으로 흙바닥을 기거나 초목을 파헤치는 일을 하는데도 이다는 늘 민소매 셔츠에 짧은 바지로 나선다. 거기에 세수만 하고(안 했을 수도 있음) 아무것도 바르지 않은 얼굴, 최소한만 걸친 몸이다. 거칠 게 하나도 없는, 거친다 해도 그대로 밀고 나가며 진흙으로 코팅되든 벌레가 붙어 앉든 호들갑 떨지 않는 캐릭터다.

새라, 레오니, 배낭여행 중 잠시 들른 캐나다인 스칼릿까지 이곳에 온 모두가 비슷하다. 긴팔 옷을 입고 선크림을 바르고 챙 넓은 밀짚모자까지 갖춘 사람은 나 혼자다. 태양과 흙, 바람으로부터 보호막을 친 내 모습은 모두에게 구경거리였다. 내가 선크림을 꺼내려고 힙색의 지퍼만 열어도 푸훗 웃음을 터트렸다. 해만 뜨면 바깥으로 뛰쳐나가 배터리 충전하듯 볕을 받는 사람들의 세상에서, 필사적으로 그늘진 곳을 찾고 들이치는 햇살을 손바닥으로라도 가리는 존재라니.

이렇게까지 몸을 사리는데도 밭에서 돌아올 때 가장 너덜너

덜한 사람이 또 나라는 것은 신기한 일. 한번은 샤워를 하다 허벅지에서 발뒤꿈치까지 수없이 난 상처를 발견했다. 제각기 다른 질감을 띤 상처였다. 몸 밖의 뭔가에 긁혀서, 쓸려서, 부딪혀서, 쏘여서, 찔려서 새겨진 흔적들이었다. 분명 일하다 생겼을 텐데 언제 입은 상처인지는 전혀 기억에 없었다. 상처를 내려다보는데 아프거나 속상하지 않고 기분이 묘하게 좋았다. 전보다 내 기분이 나아져 있다는 사실을 상처를 마주한 바로 그때 불현듯 알아차렸다는 말이 더 정확하겠다.

밭에는 나의 몸과 나의 일만이 존재한다. 시간도 사라진다. 밭은 농부의 몸에 흔적을 새긴다. 초심자라고 봐주는 법도 없다. 몸의 흔적과 상처는 마음의 그것과는 달리 숨길 수도, 괜찮은 척을 할 수도 없다. 인과가 분명하며 과장도 없어서 곧이곧대로 받아들이면 그뿐이다. 몸처럼만 산다면 우리는 얼마나 더 담백하고 단순해질 수 있을까.

그동안 '일'로 삼은 행위들은 대부분 몸은 보전되지만 마음이 쓰이고 다치는 방식으로 행해졌다. 이곳의 일은 반대다. 몸의 움직임이 곧 일이고, 일이 곧 결과가 되어 눈앞에 보인다. 그런 시간이 쌓여가는 동안 나의 몸은 마음이 참 잘하는 일(후회, 의심, 과장, 회피, 자학 따위)을 덜 하거나 아예 하지 않도록 변해가고 있었다. '오늘 이 밭의 잡초를 뽑자'고 하면 마음이 하는 일은 단 하나다. '뽑자'라고 몸에게 말하는 것. 이후는 몸의 소관이다. 일어나고 앉고, 골라내고 던지고, 심고 옮긴다. 손가락 끝에서부터 눈꺼풀까지 온몸이 밭을 상대한다. 몸의 헌신 뒤에서 마음은 깊게 쉰다.

몸에 마음을 부탁하는 과정은 나의 요가 선생 '초연'이 말한 명상의 방법과 비슷했다. 마음을 비워라, 생각을 비워라, 몸을 느껴라, 숨을 느껴라, 최소한으로 생각하고 최대한으로 느껴라. 초연은 명상 중에 잡념이 끼어들면 흐르는 강물을 떠올리라고 했다. 잡념을 강물에 뜬 물체로 연상하고 그것을 물살에 스윽 흘려보내는 상상을 하라고. 마음이 복잡할 땐 집을 벗어나라고도 했다. 모든 물건은 기운을 가지고 있기 때문에 내 사연이 깃든 물건으로 채워진 공간은 상념 덩어리라고, 그 안에서 머리 싸매고 있어 봤자 소용없다고 했다. 나는 내 집에서 몸을 꺼내어 지구 정반대 편 북쪽 나라, 요가 매트만큼이나 작고 단출한 침대에 뉘어놓고 페인트가 군데군데 벗겨진 천장을 강물로 바꾸는 시도를 한다. "후~" 심호흡을 하면 어떤 이름, 얼굴, 시간들이 둥실둥실 떠오른다. 미워서, 안타까워서 붙들어 곱씹고 싶기도 하지만 '어서 가줘' 하고는 차례차례 물살을 따라 흘려보낸다. 신묘하게도 효과가 있다. 이내 홍수에 떠밀려 온 쓰레기로 꽉 찬 강 하류처럼 심란한 상태가 되어버리곤 하지만.

스반홀름에서 나는 배가 고파서 밥을 먹고, 졸려서 잔다. 서울에서는 자야 하니까, 잠이 오지 않아도 일단 누웠다. 곧장 잠들 수 없으니 핸드폰을 붙들거나 닥쳐오는 상념과 씨름하다 지쳐 잠드는 일이 많았다. 음식은 몸에 주입하는데 소모는 정신이 했다. 배가 고픈 것이 아니라 뇌와 기분이 허기졌다. 위를 채우고서도 헛헛해서 습관적으로 입에 물 무언가를 찾았다.

몸이 일하면 몸이 허기진다. 스반홀름 부지에 흩어져 있던 일꾼들이 동시에 모여 점심을 먹는 풍경은 그래서 자못 원초적이다. 얼굴에 무엇이 묻었는지, 얼마나 산발인지, 앉았을 때 뱃살이 겹치는지 따위 아무도 신경 쓰지 않는다. 녹진해진 팔이며 다리는 편한 위치에 걸치면 그만. 그런 자세로 어떤 목적도 없이 '먹는 시간'을 갖는다. 메뉴 구성이 어떤지, 식기는 어디 제품인지, 인스타그램에 올리기 좋은지 따위는 이야깃거리가 되지 않는다. 빈 접시에 사과 꼭지만 딱 남기고는 끝. 채운 연료를 다시 태우러 밭으로 향하는 몸들은 누더기를 입고 더러운 장화를 끌고 있지만 어쩐지 관능미가 풍긴다. 그것은 아이들이 트램펄린에 온몸을 내맡기며 예측할 수 없는 방향으로 튀어 오르는 모습만으로도 오금이 저리는 나로서는 끝내 가질 수 없는 매력. 원하면 살 수 있는 향수가 아니라, 타고난 사람만 갖는 체취 같아서 어쩔 수 없이 질투가 난다.

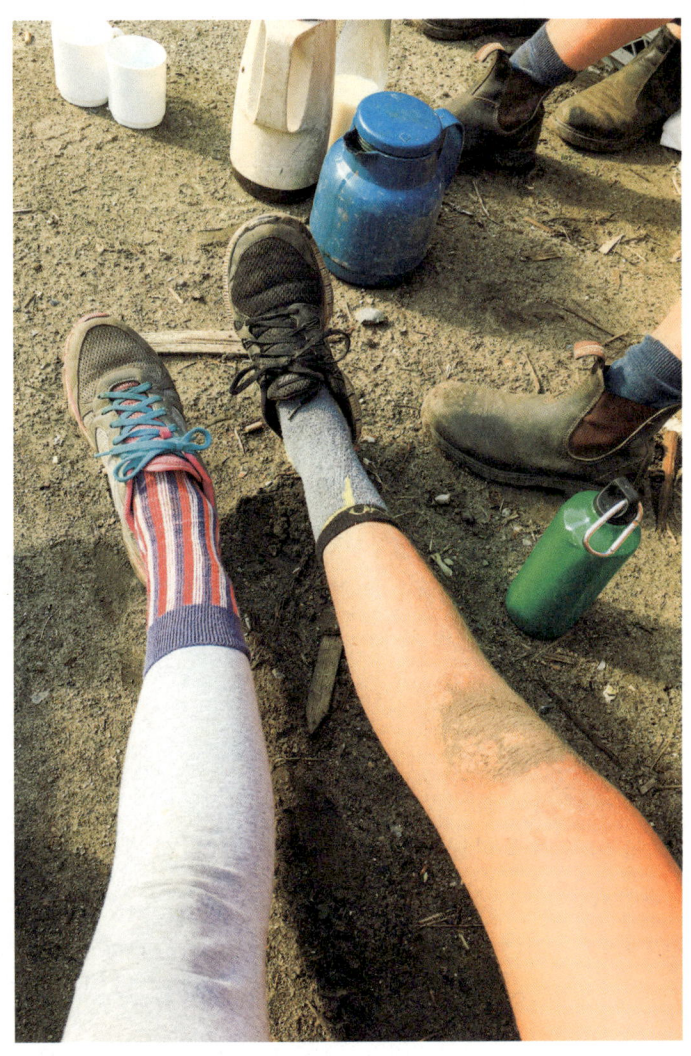

행복을 모르는 행복

아직 누구에게도 말하지 않았지만 나는 덴마크 하늘에 대한 신비로운 사실을 하나 발견했다. 잔디 언덕에 누워 있다가 문득 발견한 현상인데, 인터넷에서 검색을 해봐도 아직 아무도 눈치 채지 못한 듯 특별한 언급이 없었다. 몇 번을 더 두고 보다가 드디어 확신에 찼을 때, 우리 중 가장 경륜 있는 밭오빠 머렉에게 공유하기로 했다.

"머렉, 그거 알아?"

"무엇을?"

"여기, 덴마크 하늘 말이야. 구름이 아주 낮게 깔려. 다른 나라 구름과는 달라. 정말 낮아."

"그래? 그런가? 그렇게 느낀 적은 없는데. 그보다 썸머, 하늘이 왜 파란색으로 보이는 줄 알아? 그건 말이야…"

머렉은 전혀 놀라지 않았고, 하늘이 사실 파란색이 아닌데 파란색으로 보이는 이유를 설명하기 시작했다.

하늘이 파래 보이는 것도 맞고 덴마크 구름이 낮은 것도 맞다. 밭을 기다가 문득 고개를 들면 구름이 내 머리꼭지까지 닿아 있었다. 어쩌다 한 번 그런 게 아니라 늘 그랬다. 우리는 마치 압도적인 부피의 구름과 땅 사이, 그 얇디얇은 층에 존재하는 세상에서, 꼬물꼬물 살아가는 생명체들 같았다.

구름만 특별한 게 아니다. 눈에 들어오는 색깔, 손에 닿는 질감도 그렇다. 씨앗이 잠든 고요한 밭부터 수확을 앞둔 살진 밭까지, 이곳에서 만난 것들의 색깔과 질감은 완전히 새롭다. 나는 연초록 아티초크 앞에서 마음이 설렌다. 청보라 양배추에 혼을 빼앗긴다. 200색이 넘는 색연필을 쓰고 여러 물감을 섞어 색을 만들어 내며 누구보다 예민하게 색을 다룬다고 생각했는데, 작물을 보고 만지고 돌보며 마주하는 색은 천지 차이다.

잡초를 뽑을 때는 증세가 한층 심해진다. 스반홀름에서 나는 잡초뽑기를 좋아하는 유일한 사람이다. 동료들은 쪼그리거나 허리를 굽혀 잡초를 뽑지만, 나는 무릎을 꿇고 기어가기를 좋아한다. 왼손으로 바닥을 짚고 오른손으로 잡초를 뽑는다. 나비에 홀린 고양이가 수염을 앞세우듯, 잡초에 초점을 맞추고 조리개를 팽팽하게 조이며 나아간다. 잡초를 발견하면 우선 가볍게 당겨본다. 뽑히지 않으려고 온 뿌리를 이용해 땅을 움켜쥐는 힘이 느껴진다. 밭생활 2주 차가 되면 잡초가 어느 정도로 깊은지, 어느 정도로 퍼져 있는지 손의 느낌만으로도 알게 된다. 상대의 스케일에 맞춰 적당한 힘을 가하면 뿌리가 우두둑 뜯겨 나오는 과정이 손에 고스란히 전해진다. 두꺼운 뿌리, 실뿌리 하나하나까지 모두. 아, 짜릿해. 이런 색감과 질감, 감동과 발견의 순간을 밭이 주는 보상이라 여겼다. 스반홀름에서 머문 두 달 동안 밭은 단 한 번도 나를 배신하지 않았다.

사람의 가장 좋은 점도 밭에서 발견했다. 우리 그룹 사람들은 좋은 대화 상대였다. 엉뚱한 말을 해도 무시하지 않고 심오한 주제를 꺼내도 피하지 않았다. 이다는 웃기고 크리스틴은 순수하고, 엘리자벳은 시크하고 새라는 사려 깊고, 이바나는 다정하고 머렉은 카리스마 있었다. 이들과 함께 있는 밭은 이야기의 장이었고, 밭일의 정수는 묻고 답하기에 있었다. 특히 새라는 선문답 짝꿍이었다. 예를 들면 이런 식.

"썸머, 너희 나라 사람들은 어떻게 죽니?"

응? 이토록 뜬금없는 새라가 참말 좋다. 나는 덥석 문다.

"그게 무슨 뜻이지?"

"사망 원인 같은 거 있잖아. 통계적으로."

"흠⋯ 암이나 사고가 아니라면⋯ 자살?"

"어떤 이유로? 우리나라도 우울증을 앓는 비율이 높은 편이고 자살자도 물론 있어. 하지만 사망 원인에서 순위가 높지는 않거든."

"음⋯ 살기 힘들어서? 파산하거나 취업에 실패하거나⋯ 생활고로 일가족이 자살하는 뉴스도 어렵지 않게 접할 수 있어. 특히 청소년층, 노인층 자살률은 세계에서 가장 높은 수준이라고 알고 있어. 그럼 너희 나라 사람들은 어떻게 죽지?"

"글쎄? 늙어⋯서?"

스스로 끝내는 생과 몸이 허하는 만큼 살다가 자연스럽게 소멸하는 생⋯ 나는 두 세계의 차이가 궁금했다.

"새라, 내가 정말 이 질문만은 식상해서 하고 싶지 않은데…"

"행복 어쩌고 그런 것 물어보려는 거지?"

역시! 나는 고개를 끄덕였다.

"몇 년 전부터 외국 사람들이 우리 얼굴만 보면 던지는 질문이야. 물론 우리는 무척 이상한 질문이라고 생각하지만."

"너희 나라가 '행복'으로 유명해진 걸 어쩌겠어. 너도 덴마크가 행복한 나라라고 생각해?"

"아니. 내가 아는 한 누구도 '아~ 행복해!' 하면서 살지 않아. 순간순간 기쁘기도 절망하기도 하는 거지. 행복감에 수치나 등수를 매기는 것도 이상하지 않니? 행복을 달성해야 하는 목표나 시험처럼 여기는 것 같잖아."

새라의 대답은 막힘이 없었다.

"그럼 너는 언제 행복하다고 느끼니?"

"다른 나라 이야기를 들을 때 우리나라의 여건이 비교적 낫다고 느껴. 지금처럼."

그는 행복지수에 대해 처음 들었을 때 친구들끼리 '도대체 다른 나라들이 얼마나 불행하길래 우리나라 정도가 1등을 차지해 버린 거냐!'라고 했단다. 행도 불행도 비교에서 오는 것. 행복의 요건이 보편적으로 충족된 삶을 살면 행복을 의식할 필요가 없다. 세계는 '행복을 느끼지 못하는 행복'에 1등 행복의 영예를 씌워주었다. 바로 그 지점이었다!

"그것 봐! 네가 덴마크 사람이라서, 덴마크 구름이 다른 나라에 비해 낮은 것을 자각하지 못하는 거야! 늘 그래왔으니까!"

곁에 있던 머렉이 나섰다. "나는 체코 사람인데?" 이다도 거들었다. "나도 여기저기 여행을 안 다녀본 게 아닌데?"

아… 사방이 막혔다. 더 내세울 논리가 없다. 이쯤에서 깔끔히 물러나는 법도 배워야 하지만 나는 오늘도 이 책을 대나무숲 삼아 덴마크 하늘 사진을 증거로 제시하며 홀로 외칠 뿐이다.

"덴마크는 구름이 낮게 깔린다아아아아!!!"

호박밭 이슈

    밭은 대부분 공동체를 둘러싼 평지에 있는데 가끔은 한참 떨어진 곳에 있기도 하다. 가장 먼 것은 호박밭이었다. 한나의 트랙터 신세를 지던 날은 이제 안녕, 노랑 따릉이를 타고 황금빛 호박이 주렁주렁 달린 밭으로 거침없이 내달렸… 다면 얼마나 멋졌겠냐마는, 시골은 그런 것이 아니듯* 호박밭도 그런 것이 아니었다.

    당근이나 양파, 허브 등의 밭이 느긋한 평야에 있다면 호박밭은 언덕에, 그것도 고개를 두 개는 넘어야 나오는 고지대 언덕에 있었다. 강원도의 고랭지 배추밭 사진에서 배추 대신 호박이 가득한 모습을 상상하면 얼추 맞다. 그런 산중에 제대로 된 길이 있을 리 만무하다. 자전거 한 대가 겨우 지날 오솔길뿐인데다 전날 비라도 오면 곳곳에 생긴 진흙 웅덩이 때문에 낭패를

---

* 『시골은 그런 것이 아니다』(바다출판사, 2014) 마루야마 겐지의 저서. 시골생활의 환상을 깡그리 깨고 냉혹한 현실을 말하고 있다. 원제는 『田舎暮らしに殺されない法(시골생활에 살해당하지 않는 법)』

겪는다. 어찌할 도리 없이 자전거를 끌고서 언덕을 오르내려야 한다. 산악자전거 마니아라면 군침을 흘릴 익스트림 코스에서 나의 '어린이용' 노랑 따릉이는 수단이 아니라 짐이었다. 나를 뺀 나머지는 언덕이나 급경사 내리막도 날다람쥐처럼 타고, 웅덩이도 예리하게 피하거나 힘으로 밀어붙여 뚫고 가버리는 수준. 그러니 나 하나를 위해 호박밭을 평지로 옮기자거나 케이블카를 설치하자 따위의 제안을 할 수도 없는 노릇이었다.

자전거를 이고 지고 맨 꼴찌로 꼭대기에 이르면, 어디 한 군데 부러지지 않고 기어코 올라왔다는 안도감에 긴장이 탁 풀린다. 그때 푸르른 하늘, 끝없는 초록 언덕, 동글동글 떨구어진 형광 주홍색 호박의 비현실적으로 아름다운 파노라마가 도파민의 분비를 부추기고, 나는 이내 스반홀름에 오길 잘했다는 결론을 내린다. 바로 그때, 호박밭의 현실 이슈가 들이닥친다.

호박은 겹겹이 굽이진 언덕'들'에 끝도 보이지 않게 심겨 있다. 초록과 주홍의 보색대비는 순간 자극적이고 환상적이지만 계속 보고 있으면 눈앞이 핑그르르 돈다. 쿠사마 야요이*의 설치미술을 하루 5시간씩 보는 것과 비슷한 경험일 듯한데, 그것을 경험이라고 해야 할지 고문이라고 해야 할지….

정말 정말 문제는 어떤 (몹쓸) 조합에서 호박을 7천 개나 주문했다는 사실. 하필이면 내가 일하는 이 시기에… 핼러윈도 아닌데, 도대체 왜요! 그동안의 작업 패턴은 오늘 양파를 수확했

---

* 쿠사마 야요이(Kusama Yayoi, 1929~) 일본의 현대 예술가. 커다란 호박에 검은 점을 무수히 찍은 설치작품으로 유명한데, 호박에 남다른 애정을 가지고 있다고 한다. 이 에피소드의 말미에 그가 쓴 흥미로운 호박예찬을 싣는다.

다면 다음 날엔 아티초크를 딴다든가, 실내에서 콩고르기를 한다든가 했기에 아무리 힘들어도 잠깐만 참으면 될 일이었다. 하루는 허리를 많이 썼다면 하루는 다리를, 하루는 팔을 많이 쓰는 등 나름 전신 로테이션 시스템이라 그렇게 무리가 되지 않았다. 하지만 호박은 농부그룹 전 멤버가 매일 같은 곳으로 출근해 같은 일을 해야 했다. 같은 동작을 수없이 반복하려니 그야말로 죽을 맛. 그렇다. 농사란 그런 것이었다.

호박 수확 첫날, 머렉이 비장하게 나섰다. 그간 호박을 여러 번 수확해본 경험에서 비롯한 가장 효율적인 노하우를 브리핑했는데 내용은 이렇다.

1단계. 각자 흩어져 호박을 따고, 군데군데 호박 무더기를 만든다.

2단계. 호박을 담는 거대한 컨테이너 박스를 시작점으로 호박 무더기까지 한 줄로 늘어선다.

3단계. 호박을 하나씩 옆 사람에게 던져서 옮긴다.

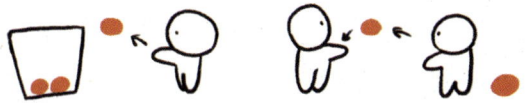

4단계. 2~3을 반복하며 호박 무더기를 클리어해 나간다.

 양동이에 물을 담아 불을 끄듯 인간사슬을 만들어 호박을 옮긴다는 거다. 하긴, 호박밭에는 고랑이 없어서 수레를 쓸 수도 없었다. 한 사람이 한 번에 들 수 있는 호박은 기껏해야 두세 개. 그것을 일일이 컨테이너까지 걸어가 옮기는 것은 비효율적이다. 호박넝쿨에 걸려 넘어지기라도 하면 단단한 호박에 부딪혀 크게 다칠 수도 있었기에 다들 한 걸음 내딛는 것도 조심해야 했다. 머렉의 작전은 그럴싸했다.

 우리는 흩어져 각자의 호박 무더기를 만들었다. 그다음, 서로 1m 정도 간격을 두고 사슬을 만들었다. 사슬을 타고 온 호박을 컨테이너 안에 담는 작업은 머렉이 맡았다. 던져 넣거나 떨어뜨렸다가는 호박이 깨지기 때문에 가장 어렵고 섬세한 일. 머렉은 사슬 작전이 개시되기 전에 거듭 당부했다.

"반드시 서로의 눈을 본 후, 호박을 던져야 해. 반.드.시. 눈!!!"

왠지 머렉이 다른 사람보다 나에게 더 신신당부하는 느낌이 들긴 했지만 속으로 코웃음을 쳤다. 흥, 그깟 던지기가 뭐라고. 고등학교 때 농구공 패스하기 시험도 잘 해낸 몸이거든!

세라가 만든 호박 무더기부터 운반이 시작되었다. 나는 중간쯤 서서 이다에게 호박을 받아 엘리자벳에게 넘기는 사슬이었다. 이다가 누군가에게 호박을 받아 내 쪽으로 몸을 틀더니 그것을 부웅 날렸다. 파란 하늘에 뜬 주홍 호박의 보색 대비가 황홀했다. 호박은 낙낙한 포물선을 그린 후 나의 두 손바닥에 안겼는데… 순간 "악!" 소리가 났다. 이것은 호박을 받는 것이 아니라 호박으로 손바닥 곤장을 철썩 맞는 격! 농구공 패스와는 차원이 다른 무게와 차진 충격에 정신이 번쩍 들었다. 바로 몸을 돌려 엘리자벳이 받기 쉽도록 호박을 적당히 띄워 보내줘야 했는데, 이다가 내게 한 것처럼 '가뿐하게'가 되지 않았다. 허리와 양어깨 힘을 총동원하려니 호박을 띄울 때마다 앓는 소리가 절로 나왔다.

내 체력으로 과연 끝까지 할 수 있을까? 쉴 새 없이 손바닥 곤장을 맞는 동안 머릿속이 복잡해졌다. 호박이 미끄러워 여러 번 떨치기도 했는데, 장화를 신지 않았다면 발등과 발가락이 끝장났겠다는 생각에 등줄기가 서늘해졌다. 다음날, 또 다음날도 같은 일이 기다리고 있었다. 아침에 언덕에 도착해 내려다보면 여전히 빼곡한 주황 동그라미에 현기증이 났다. 분명 어제 수백 개, 그제도 수백 개 떼어냈는데… 밤새 누가 다시 심어놓은 게 분명했다.

호박밭 3일 차부터는 초콜릿을 힙색에 넣어 출근했다. 박찬욱 감독의 영화 『아가씨』를 보면, 목욕을 싫어하는 아이에게 목욕하기 직전에 사탕 한 알을 주며 버릇을 들인다는 에피소드가 나온다. 나는 나 자신에게 초콜릿을 한 조각 물리고 호박 고지 속으로 걸어 들어가며 마인드 컨트롤을 한다. '이 또한 지나가리~ 이 또한 지나가리~' 마흔 해를 살며 깨달은 인생의 유일한 진리다. '맞은 놈은 편히 자도 때린 놈은 발 뻗고 못 잔다'라든가 '사람은 고쳐 쓰는 것이 아니다' 따위의 격언은 맞을 때도 엇나갈 때도 있었지만 '이 또한 지나가리'는 다르다. 무조건 맞다.

초콜릿 한 판을 다 먹어 치우기 전, 나는 호박밭에 가는 산길 어디에 어떤 지질의 웅덩이가 있고, 어떤 구간에 어느 정도의 오르막과 내리막이 있는지 도통한 사람이 되었다. 역시, 시간이 지나면 상황이 바뀌어 있든 내가 바뀌어 있든 뭐든 되어 있다. 오르막이 나타나기 전에 마음의 준비를 했고 이 오르막이 끝나면 통쾌한 내리막이 기다리고 있음을 알기에 마냥 고통스럽지만은 않았다. '끝이 있다'는 약속은 사람의 마음을 이토록 너그럽게 만든다.

호박 나르기도 그랬다. 호박을 받을 때 멀뚱히 서서 받는 대신 몸을 뒤로 슬쩍 빼며 호박이 내게 더 다가오도록 하자 충격이 줄었다. 손바닥이 아니라 양팔의 안쪽과 몸을 써서 끌어안듯 받으면 곤장을 맞지 않아도 된다는 것을 이바나에게 배웠다. 다음 사슬에 건넬 때는 허리에 부드러운 탄성을 가해 돌리면서 그

가속도로 호박을 공중으로 띄우니 가볍게 부웅 떴다. 인간은 역시 적응의 동물, 요령의 개발자다.

이쯤 되니 호박일의 즐거움이 하나하나 눈에 들어왔다. 호박밭 초입 깊은 숲에 놓인 덴마크식 초가집, 그 집을 왼쪽에 두고 오르막을 오르는 것으로 하루가 시작되고, 오른쪽에 두고 내리막을 달리는 것으로 하루가 끝남을 인지하며 한 가지 일로 하루를 꽉 채우는 단순한 즐거움. 넓적한 호박잎을 들추면 나타나는 옹기종기 호박 가족. 넝쿨에 달린 녀석들의 탯줄을 비틀어 떼어낼 때 들리는 소리, 와사삭! 물이 가득 찬 아삭함이 내 손까지 와 닿을 때의 싱그러움까지.

건물이나 자동차 등 인공물이 보이는 다른 밭과는 달리 어디로 눈을 돌려도 언덕과 하늘, 호박, 그리고 우리뿐인 공간에서 일하는 즐거움도 컸다. 원래 그 자리에 있었지만 내가 느끼기 시작하면서 존재하기 시작한 즐거움이었다. 일을 할수록 점차 노동이 아니라 운동을 한 듯 개운했다. 바로 그때였다.

"악!"

내 다음 사슬인 이바나가 비명을 지르더니 사색이 되어 울음을 터트렸다. 평소의 여유롭고 어른스럽던 모습은 온데간데없이 아이처럼 우는 이바나를 앞에 두고 나는 그대로 굳어버렸다. 내가 던진 호박이 이바나의 머리를 향해 날아갔던 것이다.

조금 전으로 돌아가 보자면, 호박을 받고 몸을 틀고 호박을 넘기는 일련의 과정에 다들 제법 리듬과 속도가 실린 참이었다. 우리는 사슬을 두 개로 쪼개고, 대신 사람 간의 간격을 벌려 일의 속도를 올렸다. 더 많은 호박이 동시에 허공에 떠올랐다. '기계적으로 일을 한다'는 게 이런 모습인가 싶게 생각 없이 몸만 움직여도 착착 진행되었다. 컨테이너 박스는 빠르게 채워졌고 우리는 모두 잘하고 있다고 생각했다.

그런 상황에서 나의 몸이 정신을 앞질러 가버린 것이다. 내가 호박을 던질 때 이바나는 등을 돌리고 있었고, 그가 내 쪽을 바라보았을 때는 육중한 호박이 코앞까지 당도한 상황. 다행히 호박은 이바나의 광대를 스쳐 지나갔다. 요가로 단련된 이바나였으니 순발력 있게 피했지, 다른 사람이었다면… 호박밭 살인미수 사건의 전말이다.

'기계적으로 하는 것'은 역시 기계의 일이지 사람의 미덕이 아니었다. '반드시 서로의 눈을 보라'는 머렉의 신신당부가 이제야 이해가 되었다. 아무리 손발이 쿵짝쿵짝 맞는다 해도 사슬의 어떤 부분에서는 잠시 멈추거나 주춤거릴 수 있다. 사슬이 된 우리는 연결되어 서로에게 영향을 주고 있으니 자기 리듬에만 춤을 추지 말고 동료를 살피라는 뜻이었다. 이바나에게 최선의 사과를 했다. 그는 곧 울음을 멈추었고 일은 다시 이어졌다. 누구도 사고에 대해 언급하지 않았다. 아무 일도 없었던 것처럼.

그날은 가장 예쁜 호박을 따서 자전거 바구니에 담아 퇴근했다. 부엌 서랍의 깊은 곳에 잠자던 저울과 핸드믹서, 볼, 스크래퍼, 실리콘 페이퍼, 사각 베이킹틀을 꺼내 깨끗이 씻었다. 호박을 갈라 속을 파내고 얇게 자른 후 설탕에 재웠다. 녹녹해진 호박을 불에 올려 달짝지근하게 조렸다. 밀가루와 버터, 설탕,

달걀, 소금, 베이킹파우더로 기본 반죽을 만들고 호박 조림을 듬뿍 넣어 가볍게 섞었다. 반죽을 사각틀에 도르륵 붓고 반죽 표면을 평평하고 매끈하게 다듬은 후, 기름 묻힌 칼로 한가운데를 스으윽 갈랐다. 200℃로 미리 데워둔 오븐에 틀을 넣고 열을 조금 낮추었다. 갈라둔 선을 따라 반죽이 기세 좋게 부풀어 오르니 그럴싸한 호박 파운드케이크가 완성되었다.

케이크를 예쁜 접시에 담아 이바나의 숙소로 찾아갔다. 이바나와 머렉은 스반홀르머들이 사는 아파트를 쓰고 있었다. 갑작스러운 방문에도 화사하게 반겨준 이바나에게 접시를 내밀며 쪽지를 건넸다.

'너를 죽이려 했던 호박을 내가 잡아서 케이크로 만들었어. 너는 이제 안전해.'

내 잘못은 하나도 없는 뻔뻔한 내용에 이바나는 웃음을 터트렸다. "썸머, 케이크 고마워. 아까는 놀라서 울었을 뿐이지 화가 나거나 너를 원망해서 그런 게 아니었어. 내 마음 알지?"

물론 잘 알았다. 사고가 났을 때 동료들이 아무 말 없이 내 입장을 알아준 것처럼. 덕분에 나는 방어적인 태도를 취할 필요가 없었고 과한 죄책감을 갖지 않아도 되었다. 그러니 케이크를 구워 찾아올 용기와 여유도 있었다.

며칠 후 7천 번째 호박이 허공에 날아올라 컨테이너 박스에 담긴 순간, 우리는 너나없이 얼싸안고 환호를 내질렀다. 고난도의 인간탑 쌓기나 도미노라도 성공한 팀처럼. 머렉이 지금의 모습으로 단체 사진을 찍어두자고 했다. 어라? 북아일랜드 캠프힐에서도 여기에서도 사진 찍는 사람은 늘 나뿐이었고, 몇몇은 내가 사진을 찍으면 "그런 걸 도대체 왜 찍니?" 하며 의아해했는데. 오늘은 다들 머리를 다듬고 옷매무새를 점검하더니 트랙터에 올라타 근사한 대형을 만들었다. 아무렴 어떨까. 기념할 만한 것을 기념하자는데!

나도 호박을 들쳐 안고 맨 앞에 섰다. 우리는 같은 단어를 말하며 같은 웃음을 지었다.

"원, 투, 쓰리, 펌킨~~~~~!"

이날 찍은 사진은 훗날 스반홀름 축제를 안내하는 리플렛의 표지가 되었다.

호박에 대하여

호박은 애교가 있고
몹시 야성적이며 유머러스한 분위기가
사람들의 마음을 끝없이 사로잡는다.
나, 호박 너무 좋아
호박은 나에게는
어린 시절부터 마음의 고향으로서
무한대의 정신성을 지니고
세계 속 인류들의
평화와 인간찬미에 기여하고
마음을 편안하게 해주는 것이다.
호박은 나에게는 마음속의
시적인 평화를 가져다준다.
호박은 말을 걸어 준다.
호박, 호박, 호박
내 마음의 신성한 모습으로
세계의 전 인류가 살고 있는 생에 대한
환희의 근원인 것이다.
호박 때문에 나는 살아내는 것이다.

현대미술가 쿠사마 야요이의 호박예찬. 그는 "I Carry on Living with Pumpkins. 달마가 벽을 마주하고 시간을 보내듯 나는 호박을 마주하며 시간을 보낸다"라고 회고한다. 호박은 그가 어린 시절 겪은 학대와 치유의 기억에 닿아 있는 이중적인 사물이라고 한다.

김목인과 썸머의 사소한 차이

무간지옥 같던 '호박 주간'이 끝난 후 우리는 달콤한 안식에 젖었다. 일이 없어진 게 아니다. 호박만 아니면 휴가나 다름없는 것이다. 우리는 호박 이전과 이후로 달라졌다. "양파 3천 개쯤이야~ 허허" 하는 여유가 생겼다. 누구는 나서서 부엌을 청소하기도, 누구는 그동안 모은 빈 맥주캔을 읍내의 마트에 가져다주고 과자 몇 봉지와 바꿔오기도 했다. 흉포한 계절을 견디어 내고 차분히 일상으로 회복하는 사람들처럼 만면에 감사와 안도가 깃들었다.

호박밭의 전우들, 머렉, 이바나, 새라, 이다, 레오니, 엘리자벳 그리고 나, 우리 일곱은 '좋은 그룹'이었다. 서로를 적당히 궁금해했고 적당히 모르는 척했다. 적당히 내버려 두기도 적당히 끌어내기도 했다. 모두 근면했고 일이 힘들다고 짜증이나 심통을 내는 사람도 없었다. 덕분에 혼자 있을 때 외롭지 않았고 같이 있을 땐 이해의 폭이 넓어졌다. 단순히 '친하다'는 말로는 끌어안을 수 없는 느긋하면서도 두근거리는 관계.

캠프힐의 기억이 떠올랐다. 첫 번째 캠프힐에 적응하지 못한 채 3개월을 버티다가 나는 다른 캠프힐로 소속을 옮겼다. '좋은 그룹'이라는 말은 두 번째 캠프힐에서 평생을 봉사자로 보낸 스위스인 할머니가 우리 봉사자 그룹을 보며 넌지시 던진 말이었다. 별별 봉사자와 별별 일을 다 겪어온 할머니셨다. "너희들은 참 좋은 그룹이다. 이런 그룹은 또 있기 어려울 것 같구나"라던 말을 당시에는 잘 이해하지 못했지만 이번엔 알았다. 서로 다른 환경에서 자라 각기 다른 이유로 모여든 사람들이 잘난 구석, 못난 구석은 있는데 꼬인 구석이 없다. 취향은 다른데 서로를 불편하게 하지 않는다. 각자 선택한 시간과 공간이 겹쳐 좋은 그룹, 즉 공동체를 이루는 것은 엄청난 우연의 덕을 받아야 가능하다.

그날도 마늘 수십 박스를 가뿐하게 다듬은 우리는 부엌 카우치에 모여 저녁을 보냈다. 마늘 냄새로 콤콤한 우리들 뒤에는 CD 카세트 플레이어와 CD로 꽉 찬 선반이 있었다. 부에나 비스타 소셜 클럽Buena Vista Social Club의 앨범 재킷인데 케이스를 열어 보면 메탈리카Metallica가 꽂혀 있는 등 엉망진창, 제집을 찾아주고픈 의욕이 솟아올랐다. CD를 와르르 꺼내 카우치 앞 테이블에 늘어놓았다. 아무도 말리거나 거들지 않았다. 케이스의 먼지를 닦고, 구겨진 앨범 커버도 말끔히 다시 접어 넣는데 한글이 적힌 커버를 발견했다.

『한 다발의 시선 / 김목인』

한국인 게스트가 가져다 둔 것이겠지. 말랑한 감성이 엿보이는 타이틀, 담담한 이름의 아티스트. 왠지 발라드나 포크송일 것 같았다. 그러다 뒷면의 트랙 리스트를 보고는 깜짝 놀랐다.

「7. 스반홀름」

곧장 아티스트의 이름을 검색했다. '김목인'은 실존하는 가수였고 남자였고 심지어 유명했고 오.마.이.갓! 스반홀름에서 게스트로 지낸 적이 있는 사람이었다. 2007년, 무려 9년 전에 이곳을 다녀간 사람! 2007년의 나는 스스로 비행기표를 끊어본 적도 없었는데, 여행을 가도 호텔을 벗어난 적이 없었는데, 공동체는커녕 고슴도치처럼 살았는데… 이 사람은 지구 반대편의 시골 공동체를 어떻게 알고 찾아왔을까.

마음이 급해진 나는 플레이어에 CD를 넣고 오른쪽 세모 버튼을 타다닥 눌러 곧장 7번 트랙을 틀었다. 들뜬 박자와 착한 선율의 기타 전주, 곧이어 세심한 목소리가 흘러나왔다. 이 공간에서 나만 알아들을 수 있는 노래라니! 2분이 겨우 넘는 짤막한 노래에 귀를 기울이는 동안 자꾸만 터져 나오는 탄성을 겨우겨우 막았다. '아아아, 귀여워, 너무 귀여워!' 나는 참지 못하고 각자 할 일을 하고 있던 마늘냄새 그룹에게 소리쳤다.

"얘들아, 있잖아. 이 노래, '우리'에 대한 노래야!"

어리둥절한 녀석들에게 자초지종을 늘어놓자, 나보다 더 눈이 땡그래진 녀석들이 한목소리로 말했다.

"해석해 줘!"

아… 이게 아닌데…. 노래 가사란 문학의 영역, 그것도 '시'

다. 여행 영어, 밭 영어가 고작인 내가 서정적이고 함축적인 시어를 제대로 해석할 리 없잖은가. 하지만 기대에 찬 눈망울을 실망하게 할 수도 없었다. 이 녀석들, 왜 지금은 "아, 그래?" 정도로 내버려 두지 않는 건지, 왜 갑자기 적극적인지 묻고 싶지만 순순히 과업을 받아들였다. 한국 노래를 소개하는데 한국인이 아니면 누가 한단 말인가. 부엌 한가운데에 서서 청중이 앉아 있는 카우치를 바라보며 목청을 가다듬었다. 새라가 플레이 버튼을 눌러 노래를 재생시키면 동시에 해석하기로 했다.

"흠흠, 먼저 이 가수는 빌딩그룹에서 일한 것 같…" 하고 말하는 사이 전주가 끝나고 김목인의 여유로운 목소리가 치고 들어왔다. 나는 노래에 떠밀려 아래와 같이 동시통역을 했다. (내 버전의 「스반홀름」을 올려둘 테니 원곡 가사를 검색해 비교해 보시길!)

> This cold morning
> I stand by window
> I think of broken cups there
> We choose own cup
> and had a coffee with milk
> We had a meeting I don't understand the language
> We had apples on the table
> We wear dirty boots
> We go to field over the woods
> Being careful big snails
> This cold morning
> I think of old windows there

> We took off and painted them on the grass
> listen to the radio, but I don't understand the language
> I ride my bicycle and pedals are strange
> coming back home over the woods
> Being careful not to step mud

　청중은 고개를 갸우뚱거렸다. "멜로디와 다르게 내용이 좀…." 반주와 목소리는 해맑고 아기자기한데 으스스하게 웬 남자가 추운 아침 창가에 서 있으며, 물건들은 하나같이 더럽거나 낡았거나 깨져 있다고 하니 이상할 만도 하다. 나의 불완전하고 무미건조한 해석은 「블랙 스반홀름」을 낳아버렸다. 원작자에게 미안하게도.

　그러나 우리 '좋은 그룹' 멤버들은 곧 행간을 파악했다. 빌딩그룹의 일을 설명하는 부분에서 "맞아, 걔들은 그런 세월 좋은 일을 하지. 녀석들이 호박을 좀 따봐야…"라며 고개를 주억거렸다. 누군가 "빌딩그룹인데 왜 숲 너머의 밭으로 가지?" 하고 묻자 "밭일이 너무 많으면 종종 빌딩그룹 사람들이 동원되곤 해"라고 머렉이 답했다. 숲, 밭, 큰 달팽이, 더러운 부츠, 낡은 자전거… 우리의 매일을 채우는 특별할 것 없는 단어들이 생경한 언어의 노래가 되어 지구 반대편에서 불리고 있다는 사실은 모두에게 신기한 일이었다. 우리의 삶이 노래가 된다니!

　"그나저나… 누가 여기에 CD를 둔 걸까?"

　우리는 두런거렸다. 분명 김목인의 팬, 김목인의 스반홀름 이야기에 영향을 받은 어떤 사람, 그것도 아주 다정한 사람일

테다. 스반홀름에 간다고 「스반홀름」이 든 CD를 챙겨가는 감성이 보통 감성인가. 그도 자기 동료들에게 이 노래를 들려주었을까 아니면 누군가 우연히 발견하고 들어주길 바랐을까? 그에 앞서 김목인은 스반홀름을 추억하는 노래를 만들 때 훗날 누군가 스반홀름에 CD를 가져다 놓으리라 상상할 수 있었을까? 더 훗날 어떤 사람이 멋없는 해석으로 사람들과 공유하리라는 것은?

  나는 지금을 바라보았다. 우리에 대해, 스반홀름에 대해 글을 써 책으로 엮는다면, 그 책이 누군가를 이곳으로 데려온다면…. 첫 책 출간 이후 수년째 한 줄도 쓰지 못한 처지에 이런 상상과 기대가 무슨 의미가 있을까. 그저 김목인의 기타 연주처럼 맑고 명쾌해진 기분을 만끽할 뿐. 지금을 설명하는 데는 '설레다' 한마디면 충분했다.

Part 2
행복은 똑같은 옷을 입고 있지 않다

하정과 썸머의 행방불명

"왔다!"

점심시간, 접시를 들고 급식 줄에 서 있다가 식당 구석의 우편함 쪽에서 낯익은 갈색 상자를 발견한 나는 그대로 상자에게 직진했다. 빨간색 제비 그래픽이 그려진 상자를 옆구리에 끼고 식당 앞 잔디밭으로 나왔다. 그곳에는 6인용 나무 테이블이 대여섯 개 놓여 있는데 햇살이 잘 들어 가장 먼저 차는 자리다. 나는 빌딩그룹의 요시가 앉아 있는 테이블에 끼어들었다.

"아. 왔구나?" 상자의 정체를 알아챈 요시가 말했다.

"응. 이제 네가 빌려준 돈 갚을 수 있어."

"하하. 천천히 갚아도 돼."

한국에서도 택배상자란 봄바람 같은 존재인데, 만리타향에서 받았으니 밥이 문제랴! 당장 뜯으려고 테이프의 끄트머리를 찾아 더듬는데 얼마나 꼼꼼히 붙였는지, 또 나는 얼마나 흥분했는지 도무지 찾을 수가 없었다. 옆 테이블의 아저씨가 셔츠의

윗주머니에서 문자 그대로 주머니칼을 꺼내어 건넸다. "Tak!" 덴마크어로 감사 인사를 하고 상자를 스윽 그어 단박에 뚜껑을 열어젖혔다. 여권지갑이 나타났고, 그 안에는 새 신용카드와 체크카드가 들어 있었다. 스반홀름에 들어오려고 했던 날, 코펜하겐의 기차역에서 잃어버린 것들이었다. 감격에 젖어 지갑을 꺼내 들자 다른 테이블에 앉아 있던 사람들까지 모두 나를 향해 같은 웃음을 보내주었다. 그렇다. 이 지갑에는 모두가 아는 사연이 있다. 공동체로 오는 여정이 왜 고생길이었는지, 왜 요시가 돈을 빌려주었는지… 이제는 말할 수 있다.

약속보다 하루 늦게 스반홀름에 들어온 나는 사람을 만날 때마다 같은 질문을 들었다.
"오! 네가 '그' 썸머구나! 모든 것을 다 잃었다는… 괜찮은 거니?"
스반홀름에는 150명쯤 되는 스반홀르머와 10명 안팎의 게스트가 산다. 인원 비례에서도 유추할 수 있듯, 게스트(봉사자)의 노동력으로 운영되던 캠프힐에 비하면 이곳에서 우리의 존재감은 미미하다. 우리는 단순하고 만만한 일을 하루에 6시간 하고 나머지 시간은 공동체와 별개로 움직여도 된다. 수많은 게스트가 각각 다른 일정으로 바람처럼 오가기 때문에 누가 새로 왔고 누가 떠나는지 스반홀르머들은 관심을 두지 않는다. 오면 오는가 보다, 가면 가는가 보다 한다.
하지만 예외가 있다. 나처럼 '모든 것을 잃었다'는 소문이 돌아버린 위기의 게스트라면, 아무리 시크한 스반홀르머라 해도

저 멀리서부터 다가와, 호기심 반 걱정 반으로 먼저 말을 건네는 것이다. 나는 스스로를 스캔했다. 남부럽지 않게 이룩한 것도 없지만 '모든 것을 잃었다'기에도 무리가 있다. 실제로 썸머가 잃은 것이란 이 정도다.

새 여권 (10년짜리 복수여권), 여권 사진, 여권 지갑
신용카드 1종, 체크카드 2종
한국 운전면허증, 한국 현금 약간
덴마크 통신사 심카드와 데이터
덴마크 1일 교통권, 코펜하겐에서 스반홀름까지 가는 기차표

출국 하루 전, 여권 지갑을 구매해 여권과 신용카드 등 중요한 모든 것을 넣었다. 만일 여권을 잃어버렸을 때 쓰려고 준비한 사진까지 여권과 함께 보관하는 사람이라니! 계란을 한 바구니에 몽땅 넣은 셈이다. 여하튼 코펜하겐의 출근 시간대, 기차역에서는 차표를, 편의점에서는 심카드와 인터넷 데이터 상품권을 구매했다. 게스트 숙소의 와이파이가 너무 느리고 밭이나 시내에서 공공 와이파이를 기대할 수 없다는 정화의 조언에 따라 3G 데이터까지 미리 챙긴 것이다. 자신의 준비력에 감탄하며 두툼해진 지갑을 숄더백에 쏙 넣고 플랫폼으로 유유자적 걸어 내려갔다. 플랫폼에 도착해 기차표를 꺼내려고 숄더백 안을 더듬거리는데, 순간 온몸의 피가 차갑게 식는 것이 느껴졌다. 없.었.다!!! 동네에서 지갑없이 마을버스를 탔다고 해도 순간 아득해지고 하루의 스텝이 꼬이는데, 처음 와 본 나라에서 귀중품이 전부 든 지갑이라니, 그것도 일정 첫날에!

무거운 짐가방은 플랫폼에 둔 채, 계단을 내달려 지나온 길을 훑었다. 떨어뜨렸을지도 모른다는 일말의 기대를 품고서. 기대는 기대에 그쳤고 나는 신용카드도, 덴마크 돈도 한 푼 없는 꼴이 되어 털레털레 어두운 플랫폼으로 돌아왔다. 상황을 지켜보던 한 덴마크 부인이 고맙게도 자리를 뜨지 않고 내 가방을 지켜주고 있었다.

"여름은 여행자에게 성수기지만, 전문적으로 '그 일'을 하는 사람들에게도 그렇단다. 찾기는 어려울 거야." 덴마크 부인은 위로를 주고 가던 길을 갔다. 코펜하겐은 공항 때문에 거쳐 가는 도시였고 나는 곧장 평화로운 시골, 스반홀름으로 '생활'하러 들어가는 길이니 긴장을 놓은 게 문제였다. 치안이 불안한 나라에서도 동전 하나 잃어본 적이 없었는데… 입안이 썼다.

일단 이 기분 나쁜 범죄의 현장에서 벗어나자! 나는 가방을 끌고 지상으로 올라왔다. 다행히 핸드폰은 손에 쥐고 있었다. 카드사에 전화를 돌려 사용정지를 요청하고, 역 근처 카페들을 기웃거렸다. 카운터 벽에 와이파이 계정과 비밀번호가 큼직하게 적힌 카페를 발견해 쏙 들어갔다. 공공 와이파이는 전무하고, 카페 화장실이나 와이파이는 손님에게만 제공하는 곳이 많았기 때문에 아무것도 구매할 수 없는 나로서는 잔머리를 쓸 수밖에. 구석에 자리를 잡고 핸드폰으로 페이스북에 접속, 3시간 전에 헤어진 상욱*에게 메시지를 보냈고 5분도 되지 않아 나는

---

* 당시 상욱은 코펜하겐에서 미디어 사업을 하고 있었고 우리는 페이스북으로 연결된 사이였다. 나의 항공편은 코펜하겐에 한밤중에 도착하는 일정이어서 상욱의 집에서 하루를 신세 지고 스반홀름으로 이동할 계획이었다. 자정이 다 되어 상욱의 집에 도착했고, 우리는 바로 잠자리에 든 후 다음 날 아침 헤어졌다. 곧 다시 만나게 될 운명은 상상도 못 한 채.

극적으로 구조되었다. 말이 안 되게도, 상욱은 내가 잠입한 카페의 옆옆옆 카페에서 회의를 하고 있었던 것이다.

　동족이 지척에 있었다는 사실만으로도 큰 위안인데, 상욱은 자기 집에서 하루 더 머물 것을 제안했다. 상욱이 떠다 준 냉수를 천천히 마시고 그의 핸드폰을 빌려 스반홀름에 오늘의 사건을 알렸다. 코펜하겐의 한국대사관에서 여권을 재발급해야 하니 하루 늦게 들어가겠다고 했다. 그런데 내 전화를 받은 노부인이 공동체 사람들에게 "한국에서 온다는 게스트가! 기차역에서! 모든 것을 도난당했다! 다 털렸다!"고 전달해 버린 것. 염소가 쌍둥이를 낳아도 신문에 대서특필될, 이 평화로운 나라의 더욱 별일 없는 시골 마을에서는 꽤나 큰 화제였던 셈이다. 그리하여 다음 날 오후, 버스 정거장으로 픽업을 나온 체크셔츠 할아버지부터, 만나는 사람마다 "네가 바로 그 다 털린 썸머?"라는 질문으로 첫인사를 대신했다는 사연이다.

　처음엔 어리둥절했지만, 질문이 반복되자 나는 답을 매크로처럼 읊게 되었다. "노노! 다는 아니예요. 지갑만 잃어버린 거예요. 영사관에 갔더니 임시도 아닌 정식 여권을 현장에서 만들어 줬어요. 이것이 바로 한국적인 시스템이랍니다. 우린 절대 기다리지 않거든요!" 도난 사건을 인스타그램으로 접하고 걱정해 준 한국의 친구들에게는 "덴마크라서 여권번호가 DK로 시작해. 유니크한 기념품이 생겼지 뭐야!"라고 눙쳤다. 하지만 상욱에게 구조된 후 일어난 '진짜 사건'에 대해서는 꽁꽁 숨겨 두었다. 이 자리에서 이렇게 풀어놓기 위해.

"어디세요?"

메시지를 보내고 1, 2분이 지났을까? 상욱의 답장이 들어왔다.

"아이고, 어쩌다 그런 일을⋯." 혹은 "어떡해요. 힘내세요" 따위와 "어디세요?"는 천지 차이다. 전자는 불구경이고 후자는 개입이다. 지난밤 처음 만나 두세 시간 대화를 나눈 게 전부인 사람이니 전자로 답했어도 야속하지 않았을 것이다. 제대로 읽을 수도 없는 기차역과 카페 이름을 더듬더듬 알려주자 상욱은 또 몇 분 지나지 않아 워프(공간이동)라도 한 듯 내 앞에 짠 나타났다. 정신을 차리자 나는 구원자 상욱과, 코펜하겐에서 호떡 굽는 청년으로 유명한 희욱, 합하여 '욱브라더스' 앞에 앉아 있었다.

소매치기가 도사리는 기차 플랫폼에서, 와이파이를 훔치러 어둑한 카페로, 상욱 천사에 이끌려 빛이 가득한 카페로⋯ 단차가 너무 심한 워프를 순식간에 세 번이나 한 탓일까. 조금 멍하다가 이내 웃음이 터져 나왔다. 계단을 몇 번이나 오르락내리락했는데 지치지도 않았다. 분하지도 않았다. 차라리 후련했다. 영사관도 경찰서도 가고 싶지 않았다. 가만히 앉아 이 생소한 기분이 도대체 무엇인지 알아내고 싶었다. 욱브라더스는 그런 나를 가만히 지켜봐 주었다.

6년 전, 처음으로 관광 아닌 여행을 시작했다. 나는 특별히 방심한 적도, 주의한 적도 없었고 늘 오늘 같았다. 사건은 훔치는 쪽의 결정에 좌우된다고 생각하니 화가 나지 않았다. 지금껏 내가 인지하지 못한 채 스쳐 간 '운 좋음의 순간들'이 얼마나 많았을까. 읽는 당신은 "너무 자신에게 관대한 것 아닌가!"라고 할 수 있겠지만 조금 더 들어보시라.

    내 짐은 총 3개였다. 캐리어형 짐가방, 배낭, 그리고 숄더백. 카페에서 짐을 내려놓고 찬찬히 둘러보니 배낭의 앞주머니가 활짝 열려 있었다. 소매치기님은 우선 배낭을 노려 지퍼를 찌익 열었다가 별것 없자 과감하게도 내 옆구리에 끼어 있던 숄더백을 넘본 것이다. 나는 기차표를 산 후 멈춰선 적이 없었다. 즉, 나를 꽤 긴 시간 따라오며 배낭 주머니도 여시고~ 숄더백에도 손을 넣으시고~ 여권 지갑을 빼가시고~ 했다는 건데 전혀 알아차리지 못했다는 것은? 그렇다. 그들은 '프로'라는 말씀. 프로가 작정했는데 내가 별수 있나.

    프로의 기술에 충분히 감탄한 후 욱브라더스에게 말했다.

    "일어난 적 없는 일은 언젠가 일어나기 마련인가 봐요. 앞으로 또 어떤 일이 일어날지… 아니 어떤 일이 일어난 적 없는지 생각해 봐야겠어요."

    나만 피해 갔던 일을 기어이 겪고 나자 보이는 단어는 '안도'와 '해방'이었다. 다치지 않았고, 곧장 다정한 사람들에게 구조되었다. 신이시여, 이 정도로 끝내주셔서 감사합니다! 정신을 좀 차린 후, 나는 셈을 시작했다. 여권 발급 비용, 지갑 가격, 심카드와 인터넷 데이터 비용, 기차표값, 시내 교통권 등 금전적 피해만을 계산해 보니 15만 원이었다.

    "상욱 씨, 15만 원쯤 기부한 셈 칠래요. 제가 잃은 그것들이 어딘가에서 좋게 쓰이고 있을지도 모르죠. 그리고 저 현금 좀…."

셀프 면죄부에 이어 어제 처음 만난 사람을 붙잡고 삥을 뜯… 아니 돈을 빌려달라니 침착한 상욱도 살짝 당황하는 눈치였지만, 희욱과 상의 후 10만 원 정도 되는 공금을 크로네로 빌려주었다(둘은 함께 사업을 하고 있다). 돈이 생기니 기분이 좋아졌다. "내가 점심을 사겠노라!"며 그간의 처지를 싹 잊고 욱브라더스를 초대했다. "거저 생긴 돈도 아닌데 당신 정신이 있느냐?"고 또 물으시겠지만 더 들어보시라. 이날 우리의 모든 결정은 빅 픽처를 완성하기 위해 하나하나 놓이고 있는, 지금은 그 의미를 알 수 없는 퍼즐 조각이었다. '숙명'이었다는 말이다.

축구 시합을 하다가 아킬레스건을 다친 희욱은 양 겨드랑이에 목발을 끼고 걸었고, 상욱은 나의 짐가방을 끌었다. 내가 길을 모르니 우리 셋은 자연스레 느리게 걸었다. 날씨 이야기, 덴마크 이야기, 한국 이야기를 했고 소매치기 사건은 곧 잊혔다.

도착한 식당에서 메뉴를 고를 때까지 나는 부자였는데, 계산을 하고 나니 곧 소박해졌다. 덴마크의 살인적인 물가를 모르는 자만이 이렇게 호쾌히 지를 수 있는 것이다. 그래도 다음이 걱정되지는 않았다. 여전히 현실감각이 없는 덕이자 탓. 각자 쟁반에 음식을 받아 들고 테라스 좌석으로 나왔는데, 햇살 아래에서 점심을 즐기는 사람들로 만석이었다. 한쪽에 자리가 보였지만, 욱브라더스는 다른 쪽 자리를 노리는 눈치였다. 나는 굳이 권하지 않고 그들을 따르기로 했다. 자리가 곧 났고 내가 먼저 앉았다. 상욱은 희욱이 앉는 것을 도운 후 나와 마주 보는 편에 앉는가 싶더니, 허리를 굽혀 바닥에서 무언가를 주워 올렸다.

두 번 접힌 종이 한 장. 펼치니 그림과 숫자가 적혀 있었다. 상욱이 말하는데 그것은 '돈'이었다. 한국의 옛날 1만 원권보다 더 커서 돈 같지가 않았다. 알랭 들롱 주연의 『태양은 가득히』(1960)라는 영화를 보면 그 시절의 이탈리아 화폐인 리라 지폐가 나오는데, 조금 과장해서 A4 용지만큼 크다. 상욱이 쥔 돈은 내 눈엔 알랭 들롱이 쥐고 있는 리라와 다를 바 없었다. 현실감 제로. 덴마크 화폐로서는 가장 큰 단위인 천 크로네였다.

우리는 몇 초간 멍하니 있다가 주변을 돌아보았다. 상욱의 자리에 앉았던 남자가 아직 근처에 있었다. 그에게 돈의 주인인지 물었더니 대답은 No. 돈을 내보이며 주변을 더 살폈지만, 이쪽을 바라보는 사람들은 아무도 나서지 않고 어깨를 으쓱할 뿐이었다. 상욱은 자리에 앉더니 난생처음 주운 돈이라고, 천 크로네짜리는 처음 만져 본다고 말했다. 그런 그에게 나도 모르게 손을 쑥 내밀었다.

"상욱 씨, 그거 나 주세요. 내가 가질래요. 그럴만한 이유가 있어요."

상욱은 또다시 돈을 내주는 상황에 놓였다. 나는 핸드폰 앨범에서 사진 하나를 골라 욱브라더스에게 내보였다. 타로카드 한 장과 그 해석을 찍은 사진이었다. 어제 인천공항으로 배웅 나온 친구가 타로를 봐준다며 고르라기에 50장이 넘는 카드 중 딱 하나를 골랐던 것.

> 그는 자신의 일에 전념하고, 다른 사람들은 그를 돕거나 인정하고 돈을 주려 한다. 그가 하는 일에는 목적과 의미가 있다. 집단 계획, 인생의 일

찾기, 정신적 노동을 의미한다.

카드 해석을 읽은 욱브라더스는 기가 막힌 우연과 행운에 흥분을 감추지 못했다.

"와, 오늘 대단하네요. 우리가 그 역 근처에서 회의를 하지 않았다면, 딱 그 시간에 점심을 먹자며 일어나지 않았다면, 딱 이 시간에 여기에 도착해서, 딱 이 자리에 앉자고 그렇게 기다리지 않았다면… 정말 기적이에요. 모든 조건이!"

"맞아요. 제가 바로 영사관에 갔더라면, 경찰서에 갔더라면, 주저앉아 낙담만 하고 있었더라면. 하지만 마음이 불편해요. 상욱 씨는 돈 주인을 찾아주려고 했는데 제가 달라고 해버려서…."

"우린 할 만큼 했어요. 돈을 바로 가진 것도 아니고 주인을 찾아주려고 애썼잖아요. 마음 편히 가지세요. 아까 피해 금액이 15만 원이라고 했죠? 절묘하게도 천 크로네가 딱 그만큼의 돈이에요. 잃은 만큼 돌아온 거예요. 돌고 도니까 돈인 거죠."

상욱의 마지막 말에 더는 앞뒤 더듬지 않고 그 돈을 그날 내게 머무는 돈으로 삼았다. 기분 좋게 커피까지 사고 상욱과 함께 만들어 먹을 저녁밥 재료를 사는 등 아낌없이 썼다. 물론 새 여권 발급수수료와 심카드, 교통권, 기차표 그리고 스반홀름 자전거 보증금은 남겨둔 채로.

소매치기 사건은 천 크로네 말고도 내게 몇 가지 선물을 더 주었다. 하루의 휴가(?)가 생긴 덕에 코펜하겐 시내도 구경하고 희욱의 호떡가게에도 들를 수 있었다. 우리는 처음보다 훨씬 가까워진 상태로 헤어졌고 얼마 후에는 내가 희욱을 돕는 일이 생기는데, 그 일은 이 책의 한 에피소드가 된다.

스반홀름에 들어와서는, 자전거를 제때 빌리지 못하다가 들고 있던 보증금을 야금야금 탕진해 버렸는데 이야기를 들은 요시가 5백 크로네(약 8만 원)를 빌려주겠다고 나서는 것 아닌가? 자기 돈을 우선 쓰고 한국에서 새 카드가 오면 그때 갚으라고 했다. 우리는 알게 된 지 일주일 남짓한 사이, 게다가 그는 나보다 먼저 스반홀름을 떠날 사람이고 소포는 늦어질 수도 있는 일이었다. 게다가 부탁하지도 않았는데 왜? 의아했지만 요시가 나를 믿어주는 기분이 나쁠 리 없었다. 나중에 초콜릿을 이자 삼아 5백 크로네와 함께 돌려주었는데, 그는 이자를 받다니 말도 안 된다며 기겁을 했다. 결국 두 손으로 초콜릿을 받들고 몇 번이고 고맙다며 고개 숙여 인사하는 요시와도 좋은 추억 추가!

무엇보다 최고의 선물은, 게스트에 무관심한 이곳에서 지대한 관심의 대상이 되어 조금은 덜 외로운 시작을 할 수 있었다는 사실이었다. 그리고 여행에서 힘한 일을 당했다고 하소연한 내 친구들의 심정을, 앞으로 하소연할 사람들의 처지를, 이제는 '마음'으로 들을 수 있게 되었다는 것. 그날의 사건이 없었더라면 몰랐을 이 공감대의 가치는 얼마로 환산할 수 있을까….

여기까지가 소매치기 사건보다 더 사건다웠던, 우리의 진짜 사건이다. 누구는 그 돈을 경찰서에 가져다주어야 한다고, 누구는 내가 가져도 될만하다고 할 수 있다. 이날의 일을 사람들에게 말하지 않은 이유도 그렇다. 나 역시 괜찮다가 애매하다가 하니까. 앞으로도 어느 한쪽으로 추가 기울 것 같지는 않다. 다만, 어느 날 무언가를 잃어버렸을 때 이날을 떠올릴 것이다. 그리고 툭툭 털겠다. 그렇게 돌고 도는 거라고 말하겠다. 혹은 "밖에서 잃은 것은 안에서 찾을 수 있다"라거나!*

---

* 덴마크의 사회부흥 운동가였던 달가스(Enriko M. Dalgas, 1828-1894)의 말. 전쟁 후 처참한 덴마크에서 사람들은 "오늘이 덴마크의 가장 불행한 날이다"라며 좌절했다. 달가스는 위의 말을 하며 개척사업을 통해 척박했던 덴마크를 옥토로 만들었다. 그의 업적과 말은 덴마크 사람들의 정신 기저에 깔려 있다. 가까운 사람끼리 아늑한 실내에서 편안한 시간을 갖는 휘게 Hygge 문화, 가구나 조명으로 집 안을 정성껏 꾸미는 정서도 달가스의 정신과 상통한다고 분석하는 사람도 있다.

장미 귀걸이를 한 소녀

민소매 밖으로 드러난 이다의 어깨가 벌겋게 익었다. 머리카락은 끈질기게 뺨에 들러붙고, 등에서는 얼핏 김이 나는 듯도 했다. 이제 여자아이들은 밭으로 나가기 전 내게 다가와 손등을 내민다. "썸머, 선크림 좀…." 스반홀름에 여름이 왔다.

일이 끝나면 밭에서 곧장 자전거로 20분을 내달려 가장 가까운 해변으로 간다. 굽이굽이 언덕을 넘는 동안 등은 더 달구어지고 허벅지는 터질 듯하다. 바다 냄새가 점점 진해지면 자전거에서 뛰어내릴 준비를 한다. 해변을 뛰어 가로지르는 동안 신발, 양말, 바지와 웃옷을 순서대로 훌훌, 팬티 한 장만 걸친 채 물속으로 첨벙!

사실 여기까지는 마뉴엘이 들려준 이야기다. 나는 한 번도 해변 가는 길에 동행한 적이 없다. 내 체력에 녀석들 속도에 맞춰 언덕길 20분 라이딩은 불가능하다. 오스트리아 빈에서 온 마뉴엘은 덴마크 여자들의 과감함에 당황한 눈치였다. 물론 매혹

당한 눈치이기도 했다. 빌딩그룹에서 일하는 마뉴엘은 근무반경이 좁다며 자전거를 빌리지 않았다. 그런데 농부그룹 여자들이 해변이나 읍내에 가겠다는 날이면 꼭 함께 가려고 내 자전거를 빌리러 오는데, 그때마다 상냥한 제스처를 취하며 이렇게 말한다. "올 때 뭐 사다 줄까?" 그러면 나는 동화「미녀와 야수」속 막내딸 벨에게 빙의해서는, 위험한 뱃길을 떠나는 아버지에게 간청하듯 말하는 것이다. "장미 한 송이… 아니 초콜릿, 초콜릿 하나면 돼요."

설령 내가 해변에 가고 싶었어도 마뉴엘의 청을 거절하지 않았을 것이다. 마뉴엘은 이다를 좋아한다. 직접적으로 말한 적은 없지만 안에 든 것은 밖으로 드러나기 마련. 밭이든 바다든 온몸으로 뛰어드는 섬 여자와 어린이용 노랑 자전거를 열심히 굴리며 뒤따르는 내륙 남자라니. 반도 여자인 나는 마뉴엘이 구해 온 초콜릿을 먹으며 이 여름이 그들 인생의 달콤한 조각이 되는 모습을 지켜본다.

나의 여름은 동료들이 빠져나가 고요한 메인빌딩에 있다. 로맨틱 반지하의 창가에 핀 장미. 창문은 마치 장미 머리핀을 꽂은 소녀처럼 앙증맞게 변신했다. 곧 분홍 장미군으로 창가가 뒤덮이는 상상을 했는데 웬걸, 이 한 송이가 전부였다. 새침하기도 하지. 한 송이일지언정 풍만하게 피어오르더니 꽃잎 가장자리부터 여름 볕에 타들어 갔다. 이내 한 잎, 한 잎 뚝뚝 떨어지니 섭섭하기 그지없었다. 그런데 또 웬걸, 분홍장미가 있던 곳에서 살짝 비켜난 자리에 신비로운 오렌지색 장미 한 송이가 피었다. 녀석이 시들자 빨간 장미가 또 한 송이, 그러더니 이번엔 노란 장미가 나타났다. 꼭 한 송이씩, 가끔은 '작은 아씨들'처럼 몇 송이가 뭉쳐서, 장미는 릴레이하듯 피고 졌다. 첫 번째 장미가 져버렸을 때와 같은 아쉬움은 없어졌다. 이번 장미가 가면 다음 장미가 올 테니까.

장미 사진을 찍고 있으니 키친그룹의 울라가 지나가다 멈춰 섰다. 떨어진 꽃잎 중 상처 없고 촉촉한 하나를 골라 집었다. 끼고 있던 귀걸이를 빼더니 귓불에 꽃잎을 얹고 그 위에 귀걸이를 도로 꽂았다.

"어렸을 때 동생과 이러고 놀았어."

장미 귀걸이를 한 울라는 아름다웠다. 꽃잎 한 장으로도 여왕 자리를 차지할 수 있는 꽃이 바로 장미라는 증명이었다. 하얀 피부, 살굿빛이 도는 볼, 그리고 발긋한 장미. 울라는 그대로 유화가 되었다.

「장미 귀걸이를 한 소녀」

이 여름을 기억하기 좋은 그림이다.

기억상실자들의 카우치

 게스트들이 도시에 나갔다 돌아오면 건물이 떠나갈 듯 왁자지껄하다. 마치 별세계를 탐험하고 돌아온 양 법석을 떤다. 본인들도 몇 주 전까지 그곳에 살았으면서! 한번은 코펜하겐에 다녀온 새라가 내 어깨를 붙잡고 말했다.
 "썸머, 바깥 사람들은 우리랑 뭐가 다른 줄 알아?"
 드디어 새라도 그동안 깨닫지 못했던 덴마크의 비밀을 발견한 걸까. 나는 어서 답을 말해주길 바랐다.
 "바깥 사람들은 머리를 빗어. 그리고 옷도 잘 입어. 우리 같지 않아!"
 "머리야 당연히 빗…" 하고 대꾸하다가 내 상태를 쓱 보고 뒷말을 차마 잇지 못했다. 나 역시 머리 빗기를 관둔 지 꽤 되었다는 걸 인정해야 했다. 일할 때는 머리꼭지가 땅에 닿듯 고개를 떨구고, 바람은 늘 제멋대로 부니 꼬박꼬박 빗어 봤자다. 언젠가부터 앞머리는 핀을 딱 꽂아 고정하고, 옆머리는 귀 뒤로 바짝 넘긴 채로 살고 있다.

여자 농부를 그리며 영화 『리틀 포레스트』의 김태리를 참고해선 안 된다. 한 가닥 빼놓는 청순한 귀밑머리? 풋…. 울라를 따라 자전거로 읍내에 나갔을 때였다. 지나가는 자동차도 행인도 없던 오후, 초록 언덕 사이로 쭉 뻗은 길과 파란 하늘, 언덕에 닿을 듯 말 듯 간질이는 하얀 구름, 잔꽃 무늬가 그려진 멜빵 반바지에 가죽 슬리퍼를 신고 페달을 밟는 울라의 뒷모습까지, 고레에다 히로카즈의 여름 영화에 나올 법한 싱그러운 컷이었다. 자전거 핸들에서 손을 뗄 수 있었다면 사진이라도 찍었을 텐데. 바로 그때, 바람을 타고 내리막을 질주하던 울라가 등 뒤의 내게 외쳤다. "바람에 다리털이 휘날리는 게 느껴져! 제모를 안 하니까 이렇게 좋구나! 으하하하!" 그렇다. 시골은 이런 것이다.

"또 있어!" 새라의 발견은 아직 끝나지 않았다.

"물건을 살 때 돈을 내야 해. 돈이 너무 아까워."

이건 또 무슨 소리인가 하는 사이, 마뉴엘이 거든다.

"맞아. 그리고 선택지가 너무 많아. 늘어선 광고판을 보는 것도 피곤하다구."

동료들의 말을 곱씹어 보았다. 공동체는 웬만한 필수품을 모두 갖추고 있다. 식자재는 물론 샴푸나 비누, 유기농 생리대까지 제공한다. 특징은 품목당 한 가지 상품만 구비해 둔다는 것. 예를 들어, 파스타라면 스파게티, 푸실리, 펜네가 골고루 있되 한 제조사의 한 상품만 있는 식이다. 데체코, 오뚜기, 풀무원… 그 외 수많은 파스타 제조사 사이에서 고를 필요가 없다.

공동체의 구매 담당자가 이미 공동체의 기준에 맞는 최선의 제품을 골라놓았으니 우리는 가서 집어 들기만 하면 된다.

쇼핑을 하면서 "누가 대신 골라줬으면 좋겠어"라고 느낄 때가 있지 않나? 나는 자주 있다. '비교'와 '고르기'는 돈 쓰기의 즐거움이지만, 때로는 고통이 될 수도 있다. 얼마 전에는 공기청정기를 사려고 보니 비슷한 예산, 비슷한 조건에 너무 많은 제품이 쏟아져 나왔다. 비슷비슷한 선택지 사이에서 미묘한 차이를 잡아내 최선의 결정을 내리는 일이 내게는 즐거움이 아니라 과제나 시험에 가깝다. 결국 엔지니어 친구에게 전권을 일임한 후 그가 정해준 제품을 묻지도 따지지도 않고 샀다. 이 세상에 공기청정기란 그것 딱 한 종류인 셈 치면 마음이 편하다. 자본이 한정되어 있다면 스트레스는 더욱 커진다. 자본의 폭은 곧 기회의 폭이기 때문이다. 내 자본의 범위 안에서 성공과 실패, 기쁨과 슬픔의 수레바퀴가 돌아간다. 더 자주 기쁘고, 보다 드물게 슬프기 위해서는 더 큰 자본이 있으면 된다.

언젠가 덴마크 사람인 새라와 이다에게 대학원 방학을 스반홀름에서 보내는 이유가 무엇인지 물었다. 그들은 첫째 이유로 "돈을 쓰지 않아도 돼서"를 꼽았다. 집에 있어도 여행을 가도 월세며 숙박비, 교통비, 식비, 통신비… 숨만 쉬어도 돈이란다. 돈이 곧 산소인 사정은 우리나라나 행복국 덴마크나 같다. 휴가나 쉼, 여행에는 사실 돈 쓰는 기쁨이 동반한다. 벌지 않고 쓰기만 해도 되는 시간을 누린달까! 그런데 '소비 없는 쉼'이라니….

스반홀르머들은 어떨까? 한국의 내가 그렇듯 그들도 일터에서 일하고 돈을 버는데, 퇴근 후의 모습은 조금 다르다. 공동소

유의 집에 살며, 집을 재산증식의 수단으로 사용하지 않는다. 자동차도 유모차도 빌려 쓴다. 월급의 70%를 공동체에 생활비로 내는데 그것은 몇몇 사람에게 직업을 준다. 농부그룹은 우유와 달걀, 채소를 길러 두고, 빌딩그룹은 집과 정원, 차량을 보수해 두고, 키친그룹은 밥을 해 두고, 관리부서는 식료품과 필수품을 구매해 둔다. 직업의 결과물은 돈을 낸 사람에게 돌아가 그의 시간과 에너지를 아껴 준다. 잔디 언덕과 호수, 모래 배구장, 트램펄린, 숲속 산책길도 생활비에 포함이다. 혼자서는 꿈이지만 함께라면 못 가질 것도 없다. 시골 환경의 특혜를 누리면서 치안이나 고립을 걱정하지 않는 것도 함께 있기 때문이다. 점점 비교와 소비에 어색해지면서, 함께 갖는 것에 익숙해지면서, 자본주의에 보탬이 되지 않는 존재가 되어가면서.

한번은 이다가 귀여운 제안을 했다. 여름의 꽃은 페스티벌이라며 〈카우치 영화제〉를 개최하자는데, 숙소에 TV나 프로젝터가 있을 리 만무. 우리 중 모니터가 가장 큰 내 노트북을 스크린 삼고, 카우치에 끼어 앉아 보자는 게 주최위원장 이다의 기획이었다. 드레스 코드도 있었다. 개막작의 분위기에 맞추어 드레스업을 하라는 어명!

개막식 당일, 모두 짠 듯 선글라스를 끼고 나왔다. 엘리자벳은 머리에 물을 묻혀 뒤로 쫙 빗어 넘겼다. 새라는 새까만 대형 쓰레기봉투에 목과 양팔 구멍을 내고 뒤집어쓰더니 가죽 코트라고 우겼다. 개막작은 세기말의 명작, 워쇼스키 자매의 『매트릭스』였다. 허벅지까지 올라오는 방수장화를 신고는 트리니티의 섹시한 블랙 부츠라고 우기는 이다를 중심으로, 15인치 LG

노트북 앞에 다 큰 어른 여덟이 모였다. 3인용 카우치에 넷이 끼어 앉고 나머지는 카우치 앞 바닥에 쪼그리고 앉았다. 한 덩어리가 된 여덟 사람이, 한밤중에 선글라스에 쓰레기봉투를 뒤집어쓴 모습으로, 일제히 모니터에 집중하고 있는 진풍경!

기계가 인간을 지배하는 세계, 인간은 태어나자마자 배양액에 담겨 기계를 위한 배터리로 사용된다. 기계는 인간의 의식에 매트릭스라는 가상의 세계를 주입해 통제한다. 지금 보면 어마무시한 크기의 핸드폰이 나올 때마다 폭소가 터지고, 지금 봐도 최첨단을 걷고 있는 액션과 미술, 키아누 리브스의 얼굴에 감탄하다 보니 영화는 금방 끝이 났다. 올타임 레전드! 아직 식지 않은 감흥을 왁자지껄 나누는 사이, 마뉴엘이 말했다.

"매트릭스와 현실의 구별법은 다름 아닌 패션이야. 진짜 인간으로 살 때는 누더기를 입지만, 매트릭스에 나가면 근사한 옷을 차려입어. 빗대자면 코펜하겐이 매트릭스, 후줄근한 옷을 입는 여기가 리얼인 거지."

사회학을 전공하는 대학원생다운 혜안이었다. 지금 이곳은, 얼마 전까지 꼬박 머리를 빗고 옷차림을 점검하고 자본의 수레바퀴를 굴리며 살았다는 기억을 새까맣게 잊어버린 사람들의 시공이다. 차림은 추레하지만 몸의 감각만큼은 어느 때보다 생생하다. 이곳에서 우리는 목덜미에 꽂혀 있던 코드를 뽑고 오롯한 인간으로 살고 있는 걸까? 화려하지만 시스템의 에너지원이 되는 대신, 소박하게 자신의 하루를 창조하며 사는 삶….

나쁘지 않다. 검은 양복 요원들에게 쫓기며 목숨을 걸고 매트릭스에서 탈출해 찾아온 현실이 고작 낡은 카우치 위라고 해도. 이렇게 근사한 영화가 있는 시대, 이렇게 리얼한 친구들이 있는 곳이라면.

게스트들이 부엌에서 함께 보낸 시간이 많았던 이유는 반지하 숙소에서 와이파이가 끊기지 않는 유일한 곳이 부엌이기 때문이다. 각자 인터넷을 쓰러 부엌에 왔다가도 어느덧 무언가를 같이 하게 된달까. 다들 SNS와는 거리가 멀고 새라와 이다는 2G 폴더폰을 쓸 정도로, 정말이지 매트릭스에서 탈출한 듯한 사람들! 왼쪽부터 마뉴엘, 머렉, 이다, 새라, 이바나, 크리스틴, 그리고 엘리자벳.

밥하지 않는 인류

　지구 정반대편 나라의 공동체 스반홀름에서도 '밥'이란 일상을 구성하는 핵심요소다. 기본적인 시스템을 설명하자면 이렇다.

- **아침**: 각자 / 시리얼, 빵, 과일, 우유, 달걀 등이 식량창고에 늘 채워져 있다.
- **점심**: 급식 / 공동체 안에서 일하는 스반홀르머와 게스트는 공동 식당에서 급식을 받는다. 다른 것을 먹고 싶다면 창고나 밭에서 필요한 재료를 챙겨 각자의 부엌에서 해 먹는다.
- **저녁**: 급식 / 밖에서 일하는 스반홀르머나 학교에 갔던 아이들까지 모두 모이기 때문에 점심보다 훨씬 많은 사람이 모인다. 식당에서 만들어둔 음식을 밀폐용기에 담아 가 집에서 가족끼리 먹는 모습도 흔하다
- **특이사항**: 수요일 저녁과 주말 점심은 키친그룹 휴무라 각자 해결한다. 게스트들에게 수요일 저녁은 머랙의 피자나잇Pizza night이다. 머렉이 반죽부터 굽기까지 책임을 지고 피자를 만들어 게스트들을 먹이는 것이 전

통이 되어 있다.

이 정도의 평화로운 급식생활을 영위하던 어느 날, 식당에 붙은 공지 한 장에 공동체가 술렁였다.

〈주방 공사로 일주일간 저녁 식사를 제공하지 않습니다.〉

공지 아래 모여든 사람들의 수런거림이 심상치 않았다. "어떡하지" "큰일이네" 하며 심각한 표정들. 반지하에서도 "우리 어떡하지?" "뭐 해 먹지?" "누가 해?" "나는 뭐할까?" 등등 저녁밥 이슈가 주요 안건으로 올랐다. 나는 의아했다. 까짓 저녁 한 끼 지어먹는 게 무슨 대수라고. 재료도 완벽히 갖추어져 있으니 추가 지출이 필요한 것도 아니고… 그런데 그 생각은 무급식 주간 사흘 만에 깨졌다.

첫날은 구운 고기에 파스타며 샐러드를 알아서 하나씩 만들어 냈다. 쓰임 없던 부엌에 활기가 돌았다. 친구들과 펜션에 놀러 온 듯 소꿉놀이하는 맛이란! 둘째 날도 비슷했지만 약간 지치는 기분이 들더니 셋째 날에는 퇴근 후 숙소로 돌아가는 발걸음이 무거워졌다.

'끼니 이슈'는 여간 성가신 것이 아니었다. 그동안은 4시에 퇴근하면 샤워를 한 후, 낮잠이든 산책이든 하고 싶은 일을 했다. 6시쯤 깔끔한 얼굴과 느긋한 기분으로 식당에 가면 영양소가 골고루 갖춰진 밥이 기다리고 있었다. 그런데 이제는 집에 돌아가면 두 번째 노동이 "어서 오세요~" 하며 기다리고 있다. 카우치에 드러누울 틈도 안 주고 앞치마를 입혀 부엌으로 내모는 기분이랄까. 게스트가 이 정도인데 급식 생활에 길든 스반홀르머들에게 무급식 주간은 특별재난 주간이나 다름없었으리라. 아이가 있는 집이라면 더욱.

저녁 식사는 점심과 다르다. 점심은 본격적인 노동을 준비하며 연료를 채우는 시간이다. 저녁은 너와 내가 마주 앉아 오늘의 에피소드와 수고로움의 조각들을 늘어놓고 이리저리 맞추어보며, 하루라는 작은 생애를 무사히 보냈음에 안도하는 시간이다. '저녁이 있는 삶'은 나 대신 밥을 계획하는 누군가가 있기에 가능한 것이었다. 그 누군가의 역할을 공동체가 하나의 '일'로 빼내어 맡아준 덕에 우리는 여유로운 저녁을 영위할 수 있었다.

우리 한국인은 밥, 특히 집밥에 대한 애틋한 정서가 기본 탑재되어 있다. 그래서인지 밥하는 행위를 노동이라기보다 감정의 표현으로 여긴다. 상당한 에너지와 시간을 쓰는 물리적인 '일'인데도 '정성'이나 '사랑', '희생'에서 우러나오는 어떤 숭고한 행위로 삼는달까. 마땅한 대우도 없으면서, 요리를 하지 않거나 못하면 죄책감이나 자괴감을 느끼게 만들기도 한다.

고작 몇 주 동안이지만 급식라이프를 즐긴 나는 예전과 다른 생각을 한다. 고기를 위해 직접 사냥하지 않고, 옷을 위해 직접 실을 뽑지 않고, 의자를 위해 직접 나무를 베지 않는 인류를 거쳐 끼니를 위해 직접 요리하지 않는 인류, 밥하기의 외주화, 부엌이 없는 집의 시대가 도래할지도 모른다고. 지금 세대는 이미 반조리 제품을 주식으로 삼고 식단이 정해진 도시락이나 꾸러미를 구독한다. 조식을 제공하는 공동주택도 늘어간다. 밥하지 않는 덕에 주어진 시간을 누리는 세대다.

아이러니하게 '저녁을 짓느라 저녁을 잃은' 우리는 수요일을 간절히 기다렸다. 머렉의 피자 나이트에는 변동이 없었기 때문이다. 그러나 무급식의 여파는 촘촘히도 영향을 끼쳤다. 보통 머렉은 화요일이나 수요일 낮쯤 참석할 사람의 머릿수를 세서 피자의 양을 가늠했다. 그런데 이번에는 스반홀르머들이 잔뜩 손을 든 것이다. 머렉의 동공이 흔들렸다. 나는 그에게 소싯적에 '밀가루 좀 만졌던 여자'라는 사실을 밝혔다. 반죽기 사용법과 발효 공정을 알고, 크루아상도 손으로 밀었다고 하자 머렉의 동공에 희망이 번뜩였다. 하지만 속내를 감추고 "그래? 원한다면 같이 해도 좋아"라고 선심 쓰듯 말하는 귀여운 우리 큰오빠.

머렉과 나는 도우팀, 몇몇 게스트는 토핑팀이 되어 퇴근하자마자 작전을 개시했다. 대형 반죽기를 돌려 도우를 만드는데 많은 양을 한꺼번에 하려니 반죽이 매끈하지 않았다. 결국 손으로 치대어 반죽의 결을 정돈한 다음, 서른 덩어리로 쪼개어 잠시 두었다. 뻣뻣했던 반죽이 적당히 나긋해지면 얇게 펴는 작업을 한다. 나는 손 크기에 맞는 소형 밀대를 골라잡았다. 동글동글 늘어선 반죽들을 바라보며 허리앞치마를 고쳐 맸다. 역도선수의 준비 동작처럼 손바닥에 밀가루를 뿌리고 손뼉을 한 번 짝! 하고 쳤다. 그래, 오늘 스반홀름은 내가 먹여 살린다!

그러나 누군가를 먹이는 일이 쉬울 리가 없다. 덴마크는 평균 신장이 세계에서 가장 큰 나라. 한국에서도 작은 축에 끼는 나에게 이곳의 작업대는 너무너무 높았다. 발뒤꿈치를 들고 폴짝대며 하다 보니 곧 허리에 무리가 생겼다. 밭일하러 온 스반홀름에서 피자도우를 밀다가 허리디스크를 얻는 사태가 생기면 곤란하다! 컨테이너 박스를 밟고 올라가 피자도우와 아등바등 사투를 벌였다. 대형 직사각형 오븐팬의 크기에 맞추어 피자도우를 밀어 펴는데, 밀어도 밀어도 일은 줄지 않고 호박밭 이슈가 재현되는 악몽을 꾸고 있나 싶었지만… 역시 시간이 지나면 뭐든 되어 있기 마련이다. 머렉과 나는 서른 판의 대형 피자도우를 완성하고 힘차게 하이 파이브를 했다. 우리의 뜨거운 손바닥에서 밀가루가 펍! 하고 터져 나왔다.

이어서 토핑팀이 토마토소스며 허브, 각종 토핑을 듬뿍 얹어 화려한 단면을 완성했다. 한 번에 열 판씩 구울 수 있는 대형 오븐에 굽기를 15분씩, 피자도우의 여기저기가 둥글게 부풀어 오르다 마침내 터져나가고 치즈는 부글부글 끓었다. 살라미와 소시지는 구미 당기는 짠맛을 풍겼고, 바질과 루꼴라는 "이 피자는 먹어도 살 안 쪄~"라는 착각의 향을 뿜어냈다.

곧이어 한나가 후진 실력을 뽐내며 식당 입구에 픽업트럭을 거칠게 댔다. 짐칸에 피자와 맥주, 음료, 커트러리와 컵을 싣고 먼지가 일지 않도록 천천히 운전했다. 최종 도착지는 패킹팩토리의 앞마당. 게스트며 스반홀르머들이 기대에 찬 눈빛으로 기다리고 있었다. 원래도 피자라는 음식은 보기만 해도, 냄새만 맡아도, 아니 상상만 해도 사람을 아이처럼 들뜨게 만드는데, 며칠간 저녁밥 이슈에 시달렸던 이들에게 오늘의 피자는 어떤 감흥이었을까.

피자는 순식간에 동이 나고 땅바닥에는 맥주병 뚜껑이 흩뿌려졌다. 맥주 때문인지 석양 때문인지 사람들의 얼굴이 발그레

했다. 여름밤 축제 분위기였지만 누구도 피자파티를 또 하자는 말은 꺼내지 않았다. 부디 부엌 공사가 잘 돌아가서 무급식 기간이 연장되지 않기만을 바랄 뿐!

저마다의 덴마크

　주말마다 코펜하겐에 나가려고 애쓰고 있다. 도시놀이 바람이 든 게 아니라 나름의 이유가 있다. '애쓴다'라고 표현할 만한 그 이유는 차차 밝히겠다. 여하튼, 늘 당일치기였고 매번 같은 코스로 다녔다. 〈뉘하운 운하와 근처 쇼핑가 산책 - 미술관 - 카페 - 정원 - 베이커리〉로 이어지는 코스에서 정원은 꼭 '왕의 정원The king's garden'이었다. 이곳은 소매치기를 당했던 그날, 갑자기 주어진 시간에 딱히 할 일이 없어 도심을 거닐다 발견한 공원이자, 사람도 자전거도 모두 잔디밭에 뎅구르르 누워 있는 평화로운 모습에 긴장이 스르륵 풀렸던 장소다.

　그날도 똑같은 루트로 발길을 옮기다가, 왕의 정원에서 한 남자가 벤치에 잠들어 있는 것을 발견하고 나도 모르게 그의 이름을 불렀다.

　"희…욱…님?"

　코펜하겐의 구원자 '욱브라더스' 중 큰 브라더, 희욱이었다!

가볍게 안부를 나누고 헤어지려던 차에 희욱의 눈이 갑자기 반짝였다.

"참! 썸머 님이 도와줄 일이 있어요!"

희욱의 말은 이랬다. 한국의 모 방송국에서 세계의 공동체 문화를 탐사하는 다큐멘터리 시리즈를 만드는데 그중 한 편의 무대가 덴마크란다. 그럴 만했다. 덴마크는 조합과 공동체의 나라다. 직업마다 조합이 다 있고 수많은 공동체가 생겼다 없어지기를 반복한다. 작가 한 명, 피디 겸 카메라맨 한 명으로 구성된 한국의 취재팀은 스반홀름을 포함, 두 군데의 공동체에 취재 협조 메일을 보내놓고 일단 입국했는데, 스반홀름에서 거절 메일을 받았단다. 다른 공동체는 취재를 마쳤지만 스반홀름을 꼭 취재하고 싶다고 하니 함께 방법을 찾아보자고.

스반홀름의 거절도 수긍이 갔다. 인터넷에서 스반홀름을 검색하면 일본이나 한국에서 취재한 영상이나 기사가 퍽 많다. 취재팀에겐 한 번의 방문이지만 공동체 사람들에게는 "또?"라는 생각이 들 수도 있다. 스반홀르머끼리도 사생활을 들여다보는 일이 없는 곳이라, 외부인에게 생활 터전을 공개하는 경험은 불편할 수 있다. 공은 내게 넘어왔다. 자연스레 한 사람의 얼굴이 떠올랐다. 대장 한나!

"한국에서 다큐멘터리를 만드는 사람들이 덴마크에 와 있어요. 스반홀름 생활을 궁금해하는데 제 게스트로 초대해도 될까요? 농장 일도 하며 사진도 찍고⋯."

"와우, 일을 돕겠다고? 환영이지!"

한나는 두 팔 벌려 환영했다. 여름 농번기의 농장에선 사람이 보배다. 1박 2일 옵션도 슬쩍 끼워 넣었고, 취재팀은 마침내 '게스트의 게스트'로 초대되었다. 며칠 후 공동체 입구에서 큰 피로를 등에 업은 피디님과 작가님을 만났다. 둘은 지난 몇 개월간 미국과 남미, 동남아를 돌며 취재여행을 했고 덴마크가 마지막 역이라고 했다.

우리는 짐을 풀고 곧장 밭으로 이동했다. 오늘은 옥수수 따는 날, 피디님은 삼각대를 단 카메라를 지고 다니며 밭의 여자들을 영상으로 담았다. 촬영은 수월했다. 카메라 렌즈가 코앞까지 다가와도 모두 평소처럼 자연스럽…기는커녕, 괜히 옆머리를 예쁘게 넘기거나 평소의 수다잔치와 너털웃음은 어디 가고 얼마나 차분하던지, 얼마나 청초하게 미소를 짓던지!

옥수수를 따서 반으로 뚝 잘라 피디님과 작가님에게 하나씩 건넸다. 생옥수수를 먹으라고? 둘은 어리둥절했지만 나를 따라 한 입 와드득 베어 물고는 눈이 땡그래졌다. "와, 촉촉해. 그리고 딱 맛있게 달아요. 이런 건 처음 먹어봐요." 우리 밭에서 자라는 옥수수는 스위트콘이다. 찰기는 없고 물이 그득해서 아삭하다. 삶거나 굽지 않아도 그대로 먹을 수 있다. 옥수수밭에서는 목이 마르면 옥수수를 꺾어 먹으면 된다. 옥수수를 몇 개나 해치우며 우리는 다음 취재 계획을 짰다. 피디님은 오늘은 스반홀름의 큰 그림을 담고, 내일은 인터뷰를 하고 싶은데 인터뷰할 사람을 수배해 줄 수 있느냐고 물었다.

농부그룹은 모두 "당연히!"라며 응했다. 사랑스러운 사람들! 난감한 것은 스반홀르머들이었다. 평소에도 거리감이 있는데 인터뷰하자고 대뜸 들이댈 순 없는 노릇. 메인빌딩을 어슬렁어

슬렁 돌아다니다가 누군가와 눈이 마주치면 일단 씨익 웃었다. 눈길을 피하며 모르는 체하거나 '얘가 왜 이럴까?' 하는 눈빛은 거르고, 함께 웃어주는 사람을 공략했다. 작전 성공! 어르신 몇 분을 리스트에 올렸다.

　저녁에는 엘리자벳이 랍스터 파티를 열었다. 스웨덴은 지금 전통적인 랍스터 페스티벌 기간이라며, 주말에 집에 다녀 온 김에 우리에게 맛보이고 싶어서 사 왔단다. 덴마크에 와서 랍스터를 대접받다니! 신이 난 동료들이 손발을 착착 맞춘 듯 움직이기 시작했다. 잔디 언덕의 큰 테이블에 하얀 테이블보가 없어서 궁여지책으로 침대보를 깔았다. 커트러리도 세팅하고 냅킨까지 접어 접시 위에 올렸다. 엘리자벳은 "스웨덴 랍스터 페스티벌에서는 고깔모자를 써야 한다"며 복사 용지로 사람 수만큼 원뿔을 만들었다. 고깔을 고정할 고무줄이나 리본도 없어 테이프로 대충 머리카락에 붙였다. 어설픈 고깔은 이내 꾸깃꾸깃해졌지만 다들 신이 났다.

　취재팀은 저녁 테이블을 보고 깜짝 놀라 물었다. "원래 이렇게 차려놓고 먹나요?" 나는 고개를 저었다. 취재팀이 먹을 복, 아니 취재복이 있어서 우연히 랍스터 디너와 맞아떨어졌다고. 하지만 취재팀을 위해 동료들이 정성을 들이고 있음은 분명했다. 환대 속에서 저녁을 즐기는 취재팀을 바라보며 그들의 마지막 정거장이 덴마크라서 다행이라고 생각했다. 힘겨웠던 취재 여정을 느긋한 나라에서 성근 사람들과 마무리하는 시간이 되기를. 그런데 피디님이 만난 덴마크는 달랐나 보다. 그는 조용한 자리에서 이렇게 말했다.

"얼마 전에 유턴 불가 구역에서 실수로 유턴을 했어요. 그런데 자전거를 타고 지나가던 사람이 자동차 보닛을 주먹으로 쾅쾅 치면서 정말 심한 욕을 하더군요. 남의 나라 교통 체계나 신호가 헷갈릴 수도 있죠. 누가 봐도 우린 외지인이잖아요!"

피디님은 '행복국' 사람들이 이렇게 여유 없고 실수에 가혹할 줄은 몰랐다고 했다. 입국 전, 덴마크를 공부하며 머릿속에 그렸던 그림과 다르다고, 스토리를 어떻게 풀어야 할지 고심 중이라고 했다.

피디님의 사연을 듣자니 며칠 전 게스트 숙소에서 마주친 일본인 A가 떠올랐다. 그는 6년 전 게스트 자격으로 스반홀름에 왔다가 스반홀르머의 아들 B와 사랑에 빠졌다(될 사람은 된다). 이후 매해 여름 이곳에 와 사랑을 쌓았고 드디어 결혼식을 위해 덴마크에 왔다는 러브스토리. 나는 이들이 당연히 스반홀름에 둥지를 트리라 생각했다. 하지만 A는 울상을 지으며 말했다. 그렇게 하고 싶지만 할 수가 없다고. 스반홀르머가 되려면 정규직 직업이 있어야 하는데 B는 이번에 대학을 졸업했지만 취업하지 못했고, 자신 역시 덴마크어를 전혀 못 하는 데다 일본의 사무직 경력뿐 특별한 기술이 없어 정규직을 얻기 어렵다고 했다. 게다가 폐쇄적인 이민자 정책 때문에 덴마크인과 결혼하더라도 이곳에 체류할 자격이 곧장 주어지는 것은 아니라고 했다.* 직업, 수입, 언어 등 까다로운 조건들을 충족해야 하는데 자신은 요원하다고 했다. A는 결국 결혼식만 마치고 일본으로 돌아

---

* 덴마크 정치는 보수 우파가 장악하고 있다. 난민이나 LGBT 등에 대해서도 옆나라 스웨덴이 훨씬 개방적이고 진보적이다.

갔고, B는 일본 워킹홀리데이 비자를 얻어 A를 뒤따라갔다. 둘은 일단 일본에서 살다가 언젠가 덴마크로 돌아와 살고 싶다고 했다.

행복이라는 왕관은 테두리가 높고 뾰족하구나. 덴마크에서 보고 듣고 겪는 사이, 그런 생각을 자주 했다. 행복이라는 다면체의 한 단면은 '보수성'이라고. 덴마크도 스반홀름도 누구에게나 열려 있는 곳은 아니었다. 공동체가 요구하는 기여를 할 수 있고, 공동의 규율을 체득한 사람들이 서로에게 안전과 신뢰를 보장하며 모여 사는 것이다. 종교가 제시하는 천국이나 극락조차도 누구나 가는 곳은 아니다. 반드시 어떤 조건이 있기 마련. 그러니 세계 1등 행복국이라도 모두에게 문이 열려 있을 리 없다.

새라는 내게 코펜하겐에서는 절대 자전거를 타지 말라고 했다. 네덜란드와 더불어 자전거의 천국이라는 나라에 왔으니 한 번쯤은 바퀴를 굴려보고 싶은 것이 인지상정! 그러나 지리와 교통 규칙을 잘 모르는 외지인이 사고를 내는 일이 있어 현지 사람들이 좋은 눈으로 봐주지 않는단다. 현지인들은 자전거 위에서 슬렁슬렁 풍경을 즐기는 게 아니라 생계와 일상을 위해 자전거를 이용한다. 자전거 신호가 파란불로 바뀌면 엄청난 규모의 자전거 떼가 더 엄청난 속도로 내달리는 것을 볼 수 있다. 큰 교차로에서 보면 이런 장관이 또 없다.

평화롭고 자애로운 나라를 기대하고 왔다가 호된 경험으로 마음을 다친 피디님에게, 나는 내 생각을 늘어놓지 않았다. 나의 덴마크와 피디님의 덴마크는 어차피 우리가 겪은 것, 우리가 만난 사람의 개입에 따라 다르게 그려질 테니까.

    밤늦도록 랍스터에 맥주를 즐긴 다음 날, 인터뷰까지 무사히 마친 취재팀은 남은 일정을 위해 코펜하겐으로 돌아갔다. 그 주말에는 내가 코펜하겐으로 찾아가 두 사람의 숙소에서 1박 신세를 졌다. 바다가 보이는 근사한 아파트였는데 새벽에 얼핏 깨어 거실로 나갔더니 피디님이 일출을 녹화하려고 발코니에 카메라를 세팅하고 있었다. 그는 모든 일출은 다른 감정을 일으키기에, 매일 새벽 일어나 일출을 담는다고 했다. 어제의 일출이 대단했고, 그 순간만큼은 아파트 임대료가 아깝지 않을 정도였다고 작가님이 거들었다. 어떤 날의 일출이 작품에 쓰일지는 마지막까지 가봐야 안다고도 했다. 아침잠이 많은 나는 한 번도 이 나라의 일출을 본 적이 없다. 피디님과 나의 덴마크는 얼마나 많이 다를까.

취재팀이 인터뷰 영어 통역을 요청했다. 기겁하고 사양했다가 하는 수 없이 수락했지만 끝나고 나서는 하길 잘했다고 생각했다. 우리들과 취재팀, 영어와 한국어, 두 세계의 교차점에 서서 양측의 뜻을 전달하는 사이, 나는 사람의 속에 들어갔다 나온 듯한 감흥을 받았다. 불완전해서 더욱 애틋했다. 이 책의 말미, 사진 모음에서 사람의 이름과 함께 나오는 문장은 그들이 인터뷰에서 했던 말이다. 기억에 오래 남는 양치기 할아버지의 인터뷰를 아래에 적어둔다. 늘 양치기견 보더콜리와 함께 다니며 편안한 미소로 인사해 주던 분이었다. 취재팀은 그에게 최근에 겪은 가장 힘든 일이 무엇이었는지 물었다.

"가까웠던 친구가 사고로 세상을 떠났어. 어떻게 극복했느냐고? 극복하지 않지. 극복할 수도 없고. 그냥 삶에 데리고 가는 거야. 가령… 설거지를 하다가 소매 끝이 살짝 젖었다고 상상해 보게나. 그것이 영원히 마르지 않는다고 말이야. 살다 보면 젖은 것을 느끼지 못하기도 해. 그러다가 문득 그 존재가 다시 느껴질 때 조금 성가시거나 불편하거나… 마음이 아프기도 하지. 그럴 때마다 '그때 그랬었지, 그런 일이 있었지' 하면서 흘려보낼 수밖에. 옷이라면 벗어 던질 수 있지만 사람에게 일어난 일은 그럴 수 없거든. 그러니 잘 데리고 살아야지."

스웨덴 랍스터 페스티벌의 정식 명칭은 크래이피쉬 파티Crayfish Party(Kraftskivor)다. 스웨덴의 8월을 대표하는 계절행사로, 해가 지지 않고 날씨가 좋은 백야 기간에 가족, 친구들과 함께 야외에서 즐기는 전통이다. 크래이피쉬는 크기가 새우와 게의 중간쯤 되는 갑각류. 스웨덴에 여름이 오면 상점마다 크래이피쉬가 가득하다고.

행복은 똑같은 옷을 입고 있지 않다

Tour de Chambre

여행하며 운 좋은 일을 여럿 겪었다고 생각하는데 그중 하나가 바로 이것이다. 하우스 투어House tour라는 뜻으로 스반홀르머들이 서로의 집을 방문하는 이벤트다. 일종의 오픈하우스, 가정 방문의 날인 셈이다. 〈토요일 오전에 모여 체조 - 식당에서 브런치 - 다 함께 이동하여 가정 방문〉의 여정으로, 덴마크 가정집을 방문해 볼 수 있는 아주 좋은 기회다. 5년에 한 번 열리는 게 올해라는데, 때마침 내가 스반홀름에 와 있다니 큰 행운이 아닐 수 없다.

그런데 왜 이런 행사를 하는 것일까. 공동체라지만 사적 영역을 중요하게 여겨 옆집에 살아도 서로 방문하는 일이 잘 없다고 들었는데, 역시 사람이란 남이 어떻게 사는지 내심 궁금한 걸까? 내가 사는 모습을 뽐내고도 싶은 걸까? 내 물음에 이다는 고개를 가로저었다.

"남이 어떻게 사는지 아무도 신경 쓰지 않아. 오로지 실용적인 이유로 열리는 이벤트야. 물론 청소는 평소보다 신경 써야겠지만."

가령 방문한 집 중에 A 가족이 사는 방 3개짜리 집이 마음에 들었다고 치자. 기억해 두었다가 A 가족이 공동체를 떠나면 그 집으로 옮기도록 조율할 수 있다는 것이다. 새 입주자가 차지하기 전에 말이다. 이다가 덧붙였다. "요시가 네 방을 차지한 것처럼."

이건 무슨 말?! 사연인즉슨, 원래 요시는 지금 내 방인 1번 방을 쓰고 있었고, 5번 방 게스트가 떠나면 그곳이 내 방이 될 예정이었다고 한다. 그런데 요시가 게스트숙소 담당자 클로버 아주머니를 찾아가 사전에 일을 도모한 것이다. 11개의 방 중 가장 작은 자기 방에 새 게스트, 즉 나를 입주시키고 자기는 널찍하고 채광 좋은 5번 방을 쓰겠다고 말이다. 아… 요시 녀석, 미안한 구석이 있어서 내게 돈을 빌려주겠다고 먼저 나섰나!

괘씸한 요시는 나중에 손봐주기로 하고 하우스 투어로 돌아오자면, 산발적으로 이집 저집 마음대로 가는 것이 아니라 시간을 정해 한 집에 모두 함께 가고 모두 함께 빠져나오는 방식이다. 집마다 손님맞이 간식을 준비하고 점심시간에 순서가 잡힌 집에서는 식사까지 마련한다고 했다. "그렇다면 우리도 숙소를 오픈하면 어때? 각자 나라의 음식을 만들어 놓자!"라고 내가 제안했지만 이다와 새라가 손사래를 쳤다. 누구도 지하감옥에 내려오고 싶지 않을 거란다. 뭣이라! 로맨틱 반지하를 지하감옥이라니! "한국에 자랑했더니 친구들이 정말 예쁘다고 했다, 우리

부엌도 얼마나 아름다우냐, 너희들이 안 치워서 그렇지"라며 설득해 봤지만, 누구도 넘어오지 않았다.

드디어 당일, 메인빌딩 앞 잔디밭에서 가벼운 체조를 진행했다. 새천년 체조에 비하면 절도라고는 1도 찾아볼 수 없는 흐물흐물 몸부림이었지만, 사람들이 이렇게 모이는 경우가 통 없으니 이조차 정겹고 즐거웠다. 팬케이크와 소시지, 달걀 요리로 브런치를 대접받은 후 메인빌딩부터 투어가 시작되었다. 메인빌딩의 반지하에는 우리 숙소가, 1층엔 사무공간과 강당이, 2~3층에는 스반홀르머용 아파트가 몇 채 있다. 그동안 지내면서 2층에 올라가는 일은 한 번도 없었다. 메인빌딩 2층의 첫 집을 방문하자마자 나는 이다와 새라의 손사래를 단박에 이해했다. 그들의 집은, 한결같이 끝내주게 좋았다. 더 무어라 설명할 방법이 없다. 높은 천장과 널찍한 공간, 곳곳에 창문, 창밖으로 펼쳐진 초록 풍경, 취향이 확실한 가구, 조형미 넘치는 조명까지… 지하감옥, 아니, 우리 숙소를 오픈했다간 동정표를 제대로 샀겠구나 싶어 가슴을 쓸어내렸다.

메인빌딩과 주변 집들을 훑은 후에는 멀리 떨어진 집을 탐방했다. 이동 수단은 물론 자전거. 남녀노소가 단체로 자전거를 타고 언덕과 숲을 지나 집에서 집으로 이동하는 모습은 그야말로 장관이었다. 마치 덴마크 버전의 자전거 투어 '투르 드 덴마크Le Tour de Denmark'를 보는 듯!

집에 도착하면 이미 도착한 이들이 던져 놓은 자전거가 정원에 가득했다. 노랑 따릉이도 그 틈에 끼워 놓고, 시나몬롤이나 머핀 등 그 집의 레시피로 만든 간식부터 맛본 후 천천히 집

안을 구경했다. 정원이 있는 집에서는 일광욕도 즐겼다. 대충 이러고 있으면 뒤늦게 마뉴엘과 이다가 땀을 훔치며 들이닥치곤 했다. 몇몇 사람들과, 자전거가 없는 마뉴엘은 걷기를 택했다. 이다도 자전거를 두고 걷기팀에 속했다. 둘은 대부분의 간식을 놓쳤지만 그저 좋은 표정이었다.

집마다 개성이 뚜렷했다. 북유럽이라 하면 깔끔하고 군더더기 없는 이케아식 인테리어로 통일되어 있을 것 같지만 전혀 그렇지 않다. 이것은 하우스 투어를 하기 전에도 알 수 있었다. 공동체를 걷다가 창문을 통해 얼핏 보면 어떤 집은 식물이 가득, 어떤 집은 고급 가전제품이 즐비했다. 동물의 뼈와 돌멩이, 어깨가 녹아내린 양초로 창가를 장식한 집을 발견하고는 집주인이 주술사일까 궁금하기도 했다.

공동의 목적을 가지고 모여 사는 사람들이니 라이프 스타일도 비슷하리라 예상할 수 있지만, 그렇지 않다. 스반홀름 사람들은 첫째, 공해로 가득한 도시를 벗어나 둘째, 좋은 식사와 식자재를 안정적으로 공급받으며 셋째, 소비주의적 생활에서 벗어나려는 목적으로 모였을 뿐 그 밖의 취향이나 가치관은 제각각이다. 옷차림 역시 어떤 사람은 도심에서 흔히 보는 회사원 같고, 어떤 사람은 '분명 저 집에는 톱밥을 사용하는 생태 화장실이 있을 거야' 싶은 자연주의자 패션이다. 선생님과 목수와 농부가 섞여 산다. 공동체의 구성원은 여자이기도 남자이기도, 싱글이기도 커플이기도, 잡식주의자이기도 채식주의자이기도 하다.

스반홀르머들의 각기 다른 선택은 모두 존중받는다. 게스트

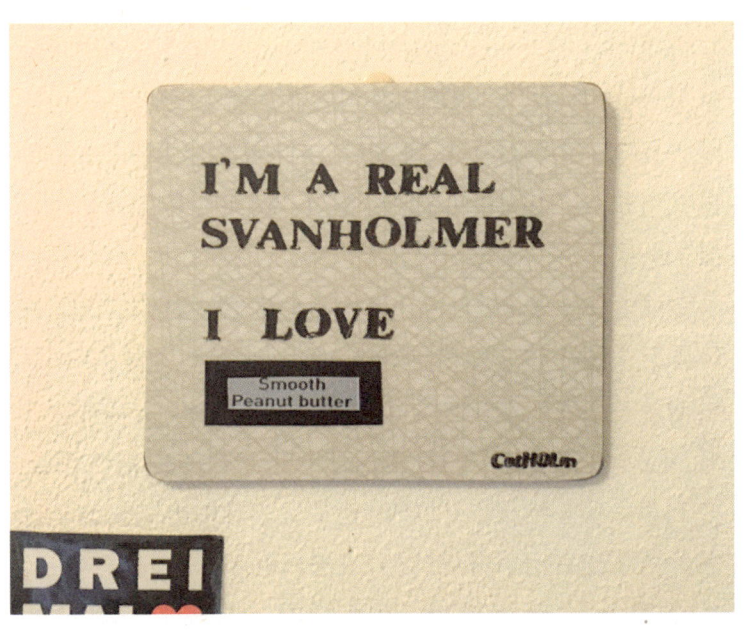

를 대하는 감성도 참 다르다. 눈이 마주치면 누구는 반기고 누구는 눈웃음만 가볍게 짓고 지나친다. 누구는 저 멀리서부터 고개를 돌린 채 딴청을 부리며 지나친다. 작은 공동체 안에서 사람을 무시하고 지나간다니? 친하게 살자고 모여 사는 것 아닌가? 다들 여유롭고 착한 것 아니야? 이 역시 대답은 '아니오'다.

공동체는 삶의 터전일 뿐 낙원이나 힐링 테마파크가 아니다. 모두가 착하지도 않고 오늘 착했다고 내일 착한 것도 아니다. 나, 그리고 당신처럼. 게스트로서 바라본 스반홀름은 직업이며 취향, 인간미까지 다른 사람들이 서로의 다른 점에는 딱히 관심을 두지 않되, 다만 '공평'하게 사는 곳이다.

스반홀름식 공평함의 정의를 살펴보자면 이렇다. 덴마크 사람들은 수입의 40% 정도를 세금으로 납부한다. 스반홀르머들은 남은 수입에서 70%를 다시 떼어 공동체에 내고 나머지를 개인 재산으로 갖는다. 100만 원을 번다면 40만 원은 나라 세금, 42만 원은 공동체 생활비, 16만 원이 내 저금통인 셈이고, 천만 원을 번다면 위 금액에 0을 하나씩 붙이면 된다. 42만 원과 420만 원은 액면가로 10배 차이지만, 각자 가진 몫에서 70%라는 비율은 동일하다.

울라프 할아버지는 양을 치고 한나의 남편은 코펜하겐에서 사업을 하지만, 수입이나 직업은 개인의 꿈과 선택일 뿐 차별과 배척의 근거가 되지 않는다(덴마크는 직업 간 수입 격차가 우리나라만큼 크지 않다). 모두가 정규직을 유지하고 은퇴 후에는 연금의 70%를 납부한다. 이로써 노인도 쓸모없는 존재로 취급받지 않는다. 일률적인 기준을 요구받는 대신, 동일한 비율의 의무를 수행한다. 각자 다를 수밖에 없는 인간들이 차이를 받아들이며 살겠다는 가치를 품었을 때, 이러한 방법도 나올 수 있었을 것이다.

아이들은 어떨까. 어떤 아이는 깎아놓은 밤처럼 모범생 같고, 어떤 아이는 늘 벗고 다닌다. 너무나 다른 집에서 나온 아이들이 트램펄린 위에 한데 엉켜 텀블링을 한다. 비슷한 아파트 평수에 사는 아이들끼리, 부모의 클래스가 맞는 아이들끼리 친구가 되는 나라에서 온 나는 녀석들이 흥미롭다. 다른 옷을 입은 이웃과 함께 하나의 세계에서 보내는 유년기와, 그들이 자라나 만들 세상의 색깔을 상상한다.

마지막 코스는 한 청년의 집이었는데 몇 번인가 마당에서 본 적 있는 사람이었다. 그는 늘 아이들에게 둘러싸여 저글링이나 마술을 보여주고 있었다. 그의 집은 커다란 스튜디오 구조로, 아기자기한 간식 대신 맥주 한 상자가 턱 놓여 있었다. 벽 한쪽에는 알록달록한 마술, 요요, 저글링 도구가 빼곡했다. 다른 집의 인테리어도 뻔한 기성품 느낌은 없었지만, 저글러의 집은 그중에서도 최고였다. 싱크대며 세면대도 모두 핸드메이드, 빈티지 문짝들을 떼다 장식한 벽면도, 여행 가방을 수집해 쌓아 놓은 센스도 근사했다. 그중 최고는 고양이 집! 저글러는 얼마 전 마을의 고양이 엄마와 새끼들을 거두었는데 녀석들을 위한 공간을 집 안에 만들어 놓았다. 그의 캣타워는 내가 평생 본 것 중 가장 근사했다. 스반홀름의 어른들과 아이들은 '손재주꾼 저글러 집사 삼촌네 집'에서 가장 긴 시간을 보냈다. 마을에서 제일 좋은 집은 역시 고양이가 있는 집이다.

스반홀름은 서로를 찾아온 사람들을 위한 마을이다. 저글러에게는 환호해 주는 꼬마 관객이 있고, 부모에게는 아이를 돌봐 주는 동네 삼촌이 있다. 다양한 색채의 사람에게 영향을 받으며 아이들이 안전하게 자랄 수 있는 울타리, 이날 만난 스반홀름은 그런 곳이었다.

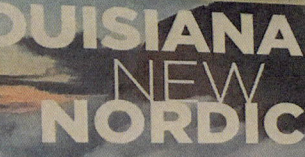

저글러의 집. 소녀가 서 있는 곳이 고양이 놀이터로 조성된 공간

은퇴 후 여생을 스반홀름에서 보내고 있는 할머니와 할아버지의 방. 평생의 기호가 켜켜이 쌓인 공간은 그 사람이 살아온 날들을 상상하게 만든다.

스반홀르머들의 라이프스타일은 정말 제각각이다. 이 집은 아시아 문화에 깊이 매료된 듯했다. 티베트 깃발이 창가에서 살랑거리고, 불교 관련 소품들이 곳곳에 자리하고 있었다. 침대는 프레임 없이 매트리스만 마루바닥에 놓여 있었고, 책상 역시 좌식이었다. 선禪의 미학을 추구하는 듯하면서도 최신 IT 기기를 풀세트로 갖춘 집이기도 해서, 디지털 수도승 같은 그 절묘한 조합을 보는 재미가 쏠쏠했다.

누구나 처음엔 이상한 사람

이바나와 머렉이 내일 스반홀름을 떠난다. 몇몇 게스트를 이미 보내봤지만 둘은 달랐다. 농사 햇병아리인 우리와, 농장을 관할하느라 분주한 대장 한나 사이에서 이바나와 머렉은 중간 관리자 역할을 톡톡히 했다. 권위를 내세우거나 불합리한 일을 주문하지도 않았다. 든든한 두 사람이 있어서 한나도 덜 막막했을 테다. 우리는 머렉과 이바나 덕분에 농사를, 스반홀름을, 우리를 더 좋아할 수 있었다.

잔디 언덕에서 송별회를 하기로 했다. 퇴근하자마자 내 역할을 하기 위해 바삐 움직였다. 식량창고부터 습격! 우리 닭이 낳은 달걀과 목장에서 짠 우유를 챙기고 코코아가루도 가득 담아왔다. 버터와 설탕을 둥그런 볼에 넣고 버터 안에 공기가 퐁실풍실하게 찰 때까지 열심히 휘핑한다. 이어서 노른자를 넣고 휘핑하면 텁텁했던 반죽이 매끈해지기 시작한다. 이제 우유를 넣고 잘 섞어준다. 이때 노른자와 우유의 순서가 바뀌지 않도록

주의한다. 버터는 기름, 우유는 물, 즉 상극이다. 노른자는 중간 지대다. 버터와 우유가 바로 만나 당황하지 않도록 노른자가 조화를 도모한다. 적당히 섞였을 때 밀가루를 넣으면 되직한 케이크 반죽이 된다. 마지막으로 따로 남겨둔 흰자로 폭신한 머랭을 만든다. 머랭이 깨지지 않도록 반죽에 넣고 조심스레 뒤섞어 준다. 완성된 반죽을 베이킹틀에 도르륵 붓고 40분쯤 구우면 달콤쌉싸롬한 갸또 오 쇼콜라Gateau au chocolat가 된다.

오븐이 일할 동안 슈거파우더에 달걀흰자를 약간 넣고 저어 아이싱(케이크 장식을 위한 하얀 반죽)을 만든다. 유산지를 잘라 짤주머니를 만들고 아이싱을 채운다. 스반홀름의 상징인, 백조 두 마리가 마주 보는 그림을 그려 넣고 이바나와 머렉의 이름을 쓸 계획이었다. 크리스틴이 눈을 반짝이며 물었다.

"썸머, 나, 이런 건 한 번도 안 해봤어. 백조는 내가 그리면 안 될까? 응?"

나는 젠체하며 말했다.

"'제발'이라고 하면 하게 해줄지도?"

"제발 제발 제발!"

사랑스러운 크리스틴! 우리는 완전히 식힌 갸또 오 쇼콜라 위에 그림과 글씨를 그려 넣었다.

테이블에 파스타, 양고기 스테이크, 시금치 오믈렛이 하나하나 들어찼다. 마지막으로 갸또 오 쇼콜라가 올라오자 모두 환호했다. 케이크 위의 메시지는 그런 힘을 갖는다. 우리는 맥주와 음식을 동내며 그동안의 추억을 곱씹고 머렉과 이바나의 앞날을 축복했다. 그러다 누가 꺼냈는지 앨리스와 레이의 이름이 화제에 올랐다. 그리고 곧 머렉의 입에서 상상치 못한 단어가 튀어나왔다.

"아, 그 나쁜 년Bitch."

사람들은 웃음을 터트렸다. 욕이라고 알고 있던 단어를 영어로 직접 들은 나는 그 현장감에 멈칫했다. 이것은 대한민국 영어 교육의 폐해다. Excuse me, Would you like something to drink? 따위의 착한 영어만 가르쳐주니 이런 흔한(?) 욕에도 식겁하는 졸보가 되어버렸잖아! 머렉은 욕을, 아니 말을 이었다.

"걔는 내가 스반홀름에서 만난 사람 중에서 유일하게 Bitch 라고 부를 수 있는 애야."

그것은 내가 스반홀름에서 처음 듣는 '남의 평판'이기도 했다. 평소 우리는 "아, 패트릭! 베이킹을 좋아했지" "한국에서 온 킴은 풀잎으로 악기를 만들어서 불더라고!"처럼 그 사람의 행동이나 추억을 말할 뿐, 좋거나 나쁘다고 평가하지 않았으니까.

앨리스와 레이는 독일인 커플로, 스반홀름에서 딱 일주일 머물고 떠났다. 세계 곳곳을 여행하다가 귀국하기 직전 들렀다고 했다. 게스트 담당자 클로버 아주머니에게 듣자니, 그들은 원래 두 달간 지내겠다고 메일을 보내왔고 그래서 체류 허가를 내주었다고 한다. 그런데 허가를 받고 나자 한 달, 3주, 2주… 점점 일정을 단축하더니 일주일도 가능하냐는 메일을 보내고서 불쑥 와버렸다는 사연. 새 게스트가 오면 일대일 오리엔테이션을 해주고 계약서까지 구비하는 등 이쪽에서도 에너지가 꽤 들기 때문에 맛보기식 체류는 없다는 것이 스반홀름의 공식

입장이다. 클로버 아주머니는 "하지만 이미 허가를 내버렸으니 뭐…"라며 찌뿌둥하게 말을 흐렸다.

"맞아, 앨리스는 좀 그랬지" "레이도 편한 사람은 아니었어" 다들 한마디씩 가볍게 거든 후 둘은 대화 주제에서 금방 벗어났지만, 내게는 이날의 이야기가 조금 오래, 씁쓸하게 남았다. 왜냐하면 머렉의 표현대로 앨리스가 '스반홀름 희대의 Bitch'라면 나는 그 Bitch를 울린 한층 나쁜… 인간이기 때문이다. 땡볕이 내리쬐는 허브밭에서 아주 펑펑, 눈물 콧물을 쏙 빼도록.

그들이 짧게 다녀간 것이 오히려 다행이었음은 모두 지난 후에 알게 되었다. 첫 대면은 이랬다. 해맑은 크리스틴이 레이에게 다가가 어느 나라에서 왔는지 물었다.

"난 어디에서도 오지 않았어. 이 지구Earth에서 왔지, 어디에서 왔겠어. 참 나."

이것은 대답인가 공격인가. 당혹해하는 사람들 뒤에서 나는 Earth를 지구라고 해석해야 하나, 흙이나 땅이라고 해야 하나 고민했다. 물론 본능적으로 느꼈다. '저것은 양아치다'라고.

이어서 일이 벌어졌다. 한나가 게스트 숙소까지 레이와 앨리스를 찾아온 것이다(숙소에서 한나를 본 것은 이날이 처음이자 마지막이었다). 게스트 등록 서류에 첨부할 사진을 둘이 제출하지 않아서 지금 바로 핸드폰으로 찍어가겠다고 했다. 앨리스를 먼저 세워놓고 사진을 찍으려는데 한나의 핸드폰이 먹통이 되었다(한나의 핸드폰은 밭에 떨어지고 농기계에 부딪히고를 반복하며 먹통이 되기 일쑤였다). 내 신상 핸드폰으로 찍어주겠노라 나섰다. 앨리스는 순순히 사진을 찍었는데 문제는 레이였다.

"난 절대로 찍히지 않겠어."

예상치 못한 반응에 놀란 한나가 부드럽게 재차 부탁하자, 그렇다면 정면 사진 말고 지금 의자에 앉아 있는 이 모습, 잎담 배용 종이에 침을 바르고 담배를 돌돌 말아 피우고 있는 이대로를, 그것도 멀리에서 찍으라며 뻗댔다. 레이의 거친 생각과 한나의 불안한 눈빛, 그것을 지켜보는 나… 완벽한 삼위일체. 나는 곧장 나섰다.

"닥쳐. 네가 좋아하든 말든 얼굴을 정면으로 찍을 거야."

꽉 찬 돌직구를 맞은 레이가 조금 수그러지나 싶더니, 내 핸드폰을 슬쩍 올려다보고는 옳다구나 싶은 표정으로 일갈했다.

"나한테 메이드 인 차이나 핸드폰을 들이대지 말라고!!!"

상황이 험악해지자 한나는 금세 울 듯한 표정이 되었지만 나는 이런 '것'에 질 사람이 아니다. 『이상한 나라의 괜찮은 말들』(2023)에 썼듯이 캠프힐에서 막돼먹은 애들을, 특히 독일 애들을 한 무더기 상대한 경력자다. 경험만이 나의 힘! 독일 철부지, 넌 오늘 제대로 걸렸다!

"웃기시네. 아이폰이야. 미국 거거든?"

"아니! 미국 기업이지만, 아마도 그 속은 죄다 차이나…"

"아마도는 아마도지, 100퍼센트 사실은 아닌 거지. 닥치고 사진이나 찍어!!!"

레이는 아무 말도 하지 못했다. 찰칵 찰칵 찰칵! 입 다문 레이의 정면 사진을, 그것도 연사로 찍고는 극공손한 태도로 한나에게 "바로 이메일로 보내드리겠사옵니다~" 하고 자리를 떴다. 후련해 보이는 한나의 웃음을 보상으로 여기며!

이런 일이 있었다고 레이가 한풀 꺾였을까? 그럴 리가! 괴짜 짓은 줄줄이 이어졌다. 그는 질문으로 대화를 시작해 시비로 끝내는 재주를 가졌다. 한번은 내 핸드폰 뒷면에 붙은 스마트폰 링을 보더니 호기심 어린 눈으로 무어냐고 물었다. 링을 떼었다 붙였다 하며 용도를 알려주자 반응이 걸작이었다.

"참 나, 자본주의 세계에서는 별 우습지도 않은 걸 만들어 낸다니까!"

책장 구석에서 포장지에 일본어가 적힌 손난로를 발견하고는 요시에게 물은 적도 있었다. 요시의 상냥한 답이 끝나기도 전에 레이는 곧장 석유 제품, 플라스틱 제품의 남용이 지구에 미치는 영향이며, 자원 귀한 줄 모르는 아시아인들의 소비 습관에 이어, 일본 원전을 비판하는 일장 연설을 시작했다. 그러는 동안 자리에 있던 사람들은 하나둘 엉덩이를 털고 일어나 흩어졌다.

앨리스 쪽은 또 다른 유형이었다. 앨리스가 등장한 후 숙소에 읽을거리가 많아졌다. 누군가 살라미를 잘라 먹고 나머지를 냉장고에 도로 넣어두지 않으면 "살라미를 공기 중에 두면 박테리아가 어쩌고저쩌고…"로 시작하는 장문의 쪽지가 붙었다. 누군가 허브를 꺾어 꽃병에 꽂아두면 "이 허브는 말려서 음식에 뿌려 먹는 허브이므로 물에 담가둘 필요가 없고 어쩌고저쩌고…" 따위 가르침이 깃든 쪽지를 마주해야 했다. 현진건의 단편소설 「B사감과 러브레터」에 나오는 B사감이 이런 느낌일까.

그동안 다들 〈자동〉버튼만 눌러 사용하던 세탁기 위에는 옷의 재질이며 더러움의 정도에 따라 어떤 코스를 선택해야 하는지 상세한 지침이 붙었다. 쪽지면 다행이었다. 빨래하려던 차에 둘을 마주쳤다간, 세탁기 사용법을 면대면으로 교육받아야 했다. 지구온난화와 수자원 절약, 에너지 고갈 위기에 대한 인식 교육도 포함한 풀코스. 나도 몇 번인가 교육대상이 되었다. 물론 뒤통수로 흘려듣고 "좋은 말이네Good to know!" 하며 씽긋 웃어주고는 당당히 〈자동〉버튼을 눌러버렸지만.

이 정도가 직접 겪은 일의 반의반이다. 사실 둘의 행동이 동료들을 불편하게 했다는 것은 잘 인지하지 못했다. 동료들도 나만큼 겪었다고 가정하면 둘의 에피소드만으로 책 한 권은 낼 수 있을 텐데, 누구 하나 레이와 앨리스를 입에 올린 적이 없었기 때문이다. 다들 어떻게 그 둘을 소화하고 있었던 걸까?

내 방식은 이랬다. 첫 해외생활이었던 캠프힐에서 나는 타인의 행동이나 말, 표정 하나하나에 의미를 두었다. 누군가 부정적인 액션을 보이면 내가 이곳 문화를 몰라서, 영어를 못해서, 예민해서 따위의 이유를 찾아내 쉽게 자책했다. 상대방의 기분이 만들어 낸 세계에 쉽게 매몰되었고 그의 행동 하나에 나의 하루가 망가지기 일쑤였다. 하루가 일주일, 일주일이 한 달, 한 달은 석 달이 되었다. 결국 석 달 내내 캠프힐의 아름다운 것에 눈길 한 번 주지 못한 채 도망쳐 나왔다. 레이와 앨리스는 나를 그때로 데려갔다. 운명이 나를 같은 상황에 놓아두고 시험하는 것 같았다.

캠프힐의 나와 스반홀름의 나는 달랐다. 이곳에서 나는 상황이 주는 자극보다 나의 반응과 결정에 집중했다. 두 사람이 거슬릴 때마다 의식적으로 당장의 기분에서 벗어나 보았다. 아침마다 베개를 쥐어뜯으며 스반홀름에 온 것을 후회하면서도, 몇 시간 후엔 "돈 워리~ 밭 해피~" 콧노래를 부르며 이런 아름다운 하루가 내게 또 올까 싶은 행복감에 젖는다. 그러니 누가 알까? 앞으로 어떤 일을 거쳐 저 이상한 녀석들과 절친이 될지. 친구가 되지 않더라도 상관없다. 몇 년 후 지금을 돌아보면 이런 갈등이 얼마나 시시하게 느껴질지 아니까. 시시한 일에 기분이 좌우되기에는 삶이 아깝잖은가, 지구를 구하는 일도 아니고!

이렇게 잠깐 지금에서 빠져나와 미래를 보고 오는 것이다. 그러면 레이의 자본주의 타파 강의가 흩날리는 덴마크 하늘 아래에서, 다들 안 들리는 척 묵묵히 잡초를 뽑는 지금 이 순간이 오히려 귀여워졌다. '시간을 달리는 소녀 놀이'*. 두 사람을 받아들이는 내 나름의 방식이었다.

〈Bitch를 울린 사건〉은 어느 볕 좋은 날 아침에 일어났다. "자! 티미안 밭에 잡초가 난리다. 선착순 두 명! 어서어서!" 신이 난 한나가 외쳤다. 어느덧 잡초뽑기가 취미이자 특기가 된 나는 입맛을 다시며 손을 들었다. 나머지 한 자리를 두고 다들 한나의 눈을 피하던 그때, '그'가 손을 들었다.

티미안 밭에 숨 막히는 침묵이 흘렀다. 공교롭게도 주변 어느 밭에도 사람이 없었다. 인류가 멸종한 가운데, 우리 둘만이

---

* 『시간을 달리는 소녀』 일본의 극장판 애니메이션. 과거와 미래를 넘나드는 능력을 가진 여고생의 이야기.

살아남아 밭을 일구는 상상을 해보았다. 전혀 즐겁지 않았다.

앨리스가 자원한 이유가 뭘까. 나를 좋아해서 오붓이 일할 기회를 노렸을 리 없다. 아니면, 나에게 해줄 지적이 너무 많아서? 집중교육을 시키려고 "옥상으로 나와!" 대신 "밭으로 나와!"를 시전한 것일까? 시야각에 걸려드는 앨리스가 자꾸 신경 쓰였다. 뭐라도 말을 걸어 정적의 벽을 깨볼까도 싶었지만, 그러다 몇 배로 돌려받을까 두렵고 성가셔 내버려 두기로 했다. 다행히도 앨리스는 내게 관심이 없어 보였다.

우리는 각자의 티미안 이랑을 붙잡고 앞으로 나아갔다. 티미안은 시금치 다발처럼 체형이 작아서 몸을 최대한 웅크려야 했다. 나는 기다시피 했고 앨리스는 쪼그려 앉은 채로 뒤뚱뒤뚱 나아갔다. 앨리스의 오리걸음을 보자니 한국의 농촌에서 쓰는 '쪼그리 의자'가 떠올라 엉겁결에 말을 걸었다.

"있잖아, 앨리스. 한국에는 이런 게 있어."

핸드폰으로 인터넷에 접속해 사진을 찾아 보여주었다. 양쪽 허벅이에 끼워 쓰는 기묘한 의자와, 꽃무늬나 호피무늬 작업 바지를 입은 한국 할머니들의 모습에 앨리스는 결국 웃음을 참지 못했다. 이것을 계기로 우리는 서로의 직업, 나라 이야기 등 일상적인 주제로 대화를 시작했다. 학교 선생님인 앨리스는 일을 관둔 후 레이와 함께 1년간 세계여행을 하고 이제 귀국하는 길이었다. 레이는 아직 대학생이고 앨리스보다 여섯 살이나 어리다는 것도 알았다. 앨리스는 독일로 돌아가면 학교에 다시 취직할지 다른 일에 도전할지 모르겠다고 했다.

맞아. 둘은 독일 사람이었지. 문득 며칠 전 보았던 독일 관련 뉴스가 떠올랐다. 중동과 아프리카 내전으로 수많은 난민이 유럽으로 탈출하고 있었다. 바닷길을 택한 난민들의 무동력선이 뒤집혀 수십 명씩 죽었다는 소식이 연일 이어졌다. 개방적이던 독일에 많은 난민이 유입되자 반대 여론도 거세졌다. 한국에서도 독일 상황을 우려하는 쪽과 선진국다운 모범을 보였다며 지지하는 쪽으로 갈렸다. 그러던 중 쾰른이라는 도시의 축제에서 한 여성이 난민들에게 폭행당했다는 보도가 터졌다. 이후 독일 내 난민 정책 논란이 들끓고 있다는 뉴스였다. 나는 내 영어 실력만큼이나 단순한 질문을 던졌다.

"너희 나라의 난민 정책에 대해서 어떻게 생각하니?"

앨리스의 답이 들리지 않았고 움직임도 느껴지지 않았다. 무슨 일인가 싶어 돌아보니 앨리스가 쪼그린 채로 부들부들 떨고 있었다. 이내 힘없이 주저앉더니 눈물을 뚝뚝… 영문을 모르는 나는 당황한 채 지켜볼 수밖에 없었다. 그는 울먹이며 말했다.

"미쳐 돌아가고 있어. 쾰른에서 일어난 일? 난 분명 언론에서 말하지 않은 진실이 숨겨져 있다고 생각해. 모든 난민이 범죄자라고 매도하는 세력들이 있어. 웃기지도 않은 사실은 독일은 2차 대전에 대해 반성하고 사죄하듯 굴면서, 뒤로는 무기 수출로 세계 2위를 하고 있다는 거야! 2위! 그런 주제에 세계의 리더인 척, 모범적인 척, 선진국인 척, 잘난 체하는 꼴이 창피해서 살 수가 없어!"

나는 앨리스의 턱을 잡고 "그게 바로 너너너 너잖아!"라고 말하고 싶은 걸 꾹 참았다. 그는 힘없이 마지막 문장을 털어놓

앉다.

"우린 평생 죄책감을 교육받고 자랐어. 국민들은 그렇게 만들어 놓고 뒤로는 무기장사를 하다니…."

앨리스는 두 손으로 얼굴을 가리고 본격적으로 울기 시작했다. 나는 그를 잠시 그대로 두다가 슬슬 달래 보기로 했다.

"내가 잘 알지는 못하지만 그래도 너희 나라는 뭐랄까… 일본보다 낫다고 할까?"

앨리스가 손을 내리더니 말했다.

"정말?"

"그럼~ 일본도 전범국가잖아. 주변 국가들을 악랄하게 착취하고 괴롭혔어. 그런데 사과는커녕 그런 일이 없었다고 거짓말을 한다니깐!"

"정말?"

앨리스는 상상도 안 된다는 듯 토끼 눈을 했다.

"그럼~ 우리나라가 바로 그 피해국이잖아. 누구든 모든 면에서 모범적일 순 없지. 독일은 최소한 노력이라는 걸 하잖아? 대단하다고 생각해."

앨리스가 손등으로 눈물과 콧물을 닦아내며 말했다.

"맞아. 자기 잘못을 인정하지 않는 양아치들이 있지."

나는 양아치라는 단어에서 누군가를 떠올렸다. 앨리스가 곧 그 이름을 입에 올렸다.

"레이와 여행하느라 너무 지쳤나 봐. 이건 여행도 아니었어. 1년간 그 녀석 뒤치다꺼리하느라 나는 도대체 뭘 보고 뭘 느꼈는지 모르겠어. 독일에 돌아가면 헤어질지도 몰라. 걔가 얼마나

사람을 괴롭히는 캐릭터인지 너는 모를 거야. 완전 애라니까!"

"알아. 우리 모두 알아!"라고 말하고 싶은 것을 또 참았다.

"여하튼, 연하라서 좋은 건 스태미나밖에 없어! 한번은 걔가 말이야…"

이어서 앨리스와 레이의 성생활에 대한 브리핑이 이어졌다. 나는 앨리스가 울음을 터트렸을 때보다 더 질겁했다. 한창 성장기인 우리 티미안과 로즈메리, 대파들에게 노이즈 캔슬링 헤드폰을 씌워 줘야 하나 안절부절못했다. 젖소에게 클래식을 들려주면 질병 발생률이 감소하고 우유 생산량도 증가한다지만, 19금 스토리를 듣고 자란 채소의 미래는 알려진 바 없으니!

이날 이후로 앨리스를 마주하는 것이 조금 편해졌다. 한번은 밭일을 하던 중 앨리스와 레이가 다투었다. 독일어로 큰 소리를 내더니 서로 멀리 떨어졌다. 아무도 둘의 싸움에 신경 쓰지 않았다. 묵묵히 일하는 앨리스의 표정이 슬펐다. 나는 슬금슬금 앨리스 쪽으로 다가갔다. 우리는 손으로는 일을 하고 입으로는 레이를 헐뜯고 실없는 농담을 늘어놓았다. 그러는 사이 앨리스의 표정이 풀렸다. 그런데 퇴근 시간 무렵 저쪽 구석을 보니 둘이 아주 진한 키스를 나누고 있는 것 아닌가. 신성한 밭에서 염장질이라니! 차라리 싸워라, 이것들아!

내 인생에서 만난 앨리스는 Bitch도, B사감도 아니었다. 무거운 자존심을 끌어안고 사는 지친 몸…이었다. 도망치는 법을 모르는, 미련하고 안쓰럽고 슬픈 몸. 티미안 밭에 잡초가 무성하지 않았더라면 몰랐을 몸 하나였다.

반대로 사람들에게 나는 어떻게 정의될까? 내 표정, 행동,

말… 그중 어느 하나도 나를 대표하지 못하지만, 동시에 모든 것이 나를 말해주기도 한다. 누가, 언제의 나를 만나느냐, 그 타이밍, 인연의 문제다. 우리는 높고 좁다란 담장 위를 걷고 있다. 불어오는 바람결에 어느 쪽으로 떨어지느냐에 따라 누구에게는 나쁜 사람이, 누구에게는 원더풀 퍼슨이 될 뿐이다. 담장 폭 하나 차이의 두 세계는 이토록 다르다.

"누구나 처음엔 이상한 사람 아니었겠어? 나도 뱀파이어처럼 햇볕을 피하고, 온갖 걸 다 사진으로 찍는 이상한 아시아 여자로 너희 기억에 남았을 수도 있지. 우린 일주일보다 더 오래 함께 있었다는 게 다를 뿐이야. 시간이 우리에게 기회를 줬어. 이상한 사람의 원더풀한 면을 발견할 시간을 말야"라고 말하려다 관두고, 케이크를 이바나와 머렉 앞으로 스윽 밀었다. 갸또 오 쇼콜라는 장식이 없다. 크림케이크보다 예쁠 수 없다. 모르고 보면 그저 까만 덩어리일 뿐. 그러나 그 맛은 순수하게 달콤하다. 스위츠Sweets로서의 본분을 가장 충실하게 구현하는 케이크다.

케이크 위의 백조 두 마리와 연인의 이름은 금세 사라졌다. 나는 스반홀름의 로고에는 백조보다 거위가 더 어울린다고 생각했다. 우아함, 고결함의 상징인 백조 말고, 궁둥이를 뒤뚱대며 걷다가 스텝이 꼬여 종종 넘어지기도 하고 괴상한 목소리로 꽥꽥거리는 거위 말이다. 거위로 사는 일상에서 순간순간 백조 같은 면모를 발견하는 곳, 서로에게 그런 기회를 주고 싶은 평범한 거위들이 모여든 기슭*이 바로 여기, 스반홀름이었으면

좋겠다고… 새까만 달콤함을 꿀꺽 삼키며 생각했다.

* 스반홀름Svanholm은 백조Svan가 노니는 기슭Holm을 뜻한다.

Part 3
가장 낮은 일, 가장 높은 대화

너희들은 몰랐겠지만, 어젯밤에

 여행 경험으로 에세이를 출간하고 외국에서 길게 머무는 일도 왕왕 있다 보니, 사람들에게 나는 '지도 밖을 행군하는 바람의 증손녀'쯤으로 비칠 때가 있다. 인도나 네팔 같은 곳도 훌쩍 다녀오는 캐릭터로 보인단다. 단단한 오해다. 내 여행은 '방문'에 가까웠다. 공동체에 속하거나 친구가 사는 동네를 찾아가 그네들의 소매 자락을 잡고 따라다니는 정도다. 지도와 열쇠가 없는 여행이었다.

 나는 여행을 좋아하지 않는다. '익숙하지 않다' '잘하지 못한다'라는 말이 더 맞겠다. 열 살 때 왼쪽 다리를 다친 후 집순이에 겁쟁이로 자랐기 때문이다. 사고 이후 잘못 자란 왼쪽 정강이뼈와 허벅지뼈가 척추에 영향을 끼쳤다. 뛰기는 당연히 무리, 몇 분만 걸어도 몸이 부서질 듯했다. 외출은 최소한으로, 대중교통보다는 택시를 이용했다. 그러다 서른 살에 수술을 받고 정상인의 70% 수준까지 끌어올렸는데, 그때 첫 유럽여행의 기회가 왔다. 많이 걸어야 한다는데 내 다리로 과연 될까, 반신반의하며 프라하의 돌길에 첫발을 디뎠다. 나는 걸을 수 있었다. 내 몸이 밀고 나가는 첫 번째 여행이었다.

이듬해 북아일랜드 캠프힐을 시작으로 몇 년간 유럽 각지를 제비처럼 누빈 듯 보이지만, 불편한 몸에 맞춰둔 20년의 습성은 당장 사라지지 않았다. 계단이나 비탈길을 내려다보면 데굴데굴 구르는 상상, 나사와 핀으로 조각조각 맞춰놓은 왼쪽 정강이가 다시 박살 나는 상상이 되었다. 내 사정을 봐주지 않는 대중교통은 불안하고, 안 타다 보니 방법적으로도 능숙지 않았다. 하루 안에 이곳저곳을 들르는 일정은 꿈도 꾸지 않았다. 요즘 유행하는 '한 달 살기'식의 머무는 여행을 진즉 했던 것도 여유로움이나 낭만 때문이 아니었다. 나는 몸의 기억이 만든 정신의 한계에 갇혀 있었다.

이런 습성이 낳은 패착을 직면한 계기는 다름 아닌 소매치기 사건이었다. 가방을 맡아준 덴마크 부인이 떠나는 뒷모습을 바라보는데 서글픔이 엄습했다. 어미닭 없이 마당을 나온 병아리가 된 것 같았다. 그동안 나는 외국에 가면 현지에 사는 지인이나, 지인의 지인이라도 찾아서 여정을 함께 하기를 좋아했다. 현지 사정에 익숙한 동행의 품에 파묻혀 머리만 밖으로 쏙 빼고 호기심을 채웠다. 수술한 지 10년이 되어 가는데, 아직도 나는 몸이 성치 않았고 경험이 없다는 한계를 공고히 하며 '영원한 병아리' 행세를 하고 있는 건 아닐까…라는 자각.

스반홀름에도 병아리들이 있었다. 이 병아리들과 나는 각자의 마당을 나와 혼자라는 사실은 같았지만 몸을 쓰고 경험을 받아들이는 톤은 사뭇 달랐다. 이들은 몸을 사리거나 누구의 품을 찾지 않았다. 투신하듯 일하고 무엇이든 기꺼이 겪고 느긋하게 늘어졌다. 이들과 함께 지내며 내 몸과 마음은 긁히고 아물기를 거듭하며 단단해지는 느낌이 들었다. 좀 다치면 어때! 그렇다. 깃털을 가지려면 먼저 솜털이 뽑혀 나가야 한다.

나는 〈홀로, 대중교통, 당일치기 여행 미션〉을 스스로 부여했다. 목적지는 코펜하겐. 동료들은 〈교회 정거장까지 자전거 - 기차역까지 버스 - 코펜하겐까지 기차〉의 루트를 택하거나, 자전거를 아예 기차에 싣고 가 코펜하겐 시내에서 자전거를 타고 다니며 교통비를 아꼈다. 나에게 그 수준은 실크로드 원정이나 다름없으니 교회 정거장까지 자전거 대신 버스를 이용하는 것으로 절충했다. 즉, 〈버스 - 버스 - 기차〉 노선이다.

시골 버스와 기차의 배차간격이 컸기 때문에 코펜하겐에서 머무는 시간은 짧았다. 할 수 있는 일도 빤했다. 우선, 역 뒤편에 있는 아시안 마트에서 라면을 한 봉지 산다. 미술관을 돌아보고 코펜하겐 대학 앞 카페 팔루단Paludan에서 늦은 점심을 먹는다. 왕의 정원을 걷고 아틀리에 셉템버Atelier September에서 카페놀이를 한다. 뉘하운 운하를 걷는다. 역으로 향하는 길에 유기농 베이커리 에머리스Emmerys에서 크루아상을 5개 산다. 올 때와 반대 순서로 기차 한 번과 버스 두 번을 타고 새까만 시골길을 달려 공동체에 돌아오면 밤 9시나 10시가 된다. 버스 승객은 늘 나 혼자였다.

이 미션을 한 달 반 동안 매주 반복하자 탄력이 붙었고 나는 다른 마당, 조금 먼 마당을 목표하기에 이르렀다. 코펜하겐에서 북쪽으로 한 시간쯤 기차를 타고 가야 나오는 오지(?)에 위치한 미술관, 세계에서 가장 아름다운 미술관으로 꼽히는 루이지애나 미술관Louisiana Museum of Modern Art이다.

'우리'가 과연… 할 수 있을까? 결의에 찬 눈빛으로 노랑 따릉이를 바라보았다. 이동시간을 단축하려면 교회 정거장까지 자전거로 가야 했다. 〈자전거-버스-기차-기차〉코스! 출정을 앞두고 자전거를 점검하는데 라이트가 없었다. 어두울 때 탈 일이 없어 신경 쓰지 않았는데 이제는 반드시 필요하다. 자전거포 아저씨를 수소문했지만 실패. '자전거 라이트 사기'를 첫 번째 할 일로 메모하고 토요일 아침, 공동체를 나섰다.

"공동체를 빠져나가서 좌회전, 다시 우회전해 가다 보면, 지루할 때쯤 교회가 나올 거야. 거기서 우회전하면 금방이야." 크리스틴이 가르쳐준 대로 자전거를 달렸다. 왼쪽 길로 나서기는 처음이었다. 높다란 가로수들이 만든 그늘을 통과하자 한동안 심심한 풍경이 펼쳐지더니 정말로 언덕 위에 교회가 나타났다. 끙끙거리며 언덕을 넘고 완만한 길을 달려 총 30분쯤 걸렸을까. 버스 정거장에 도착해 교통 표지판 기둥에 자전거를 묶었다. 무성한 수풀 속에 노랑 따릉이가 폭 파묻혔다. 다녀올게!

이렇게 긴 시간 동안, 모르는 길을 달려, 어딘가를 찾아가는 경험은 처음이었다. 버스에 올라타는데 허벅지며 등에 든든한 힘이 느껴졌다. 벌써 무언가를 이룬 듯 흥분을 느끼며 창밖으로 흐르는 호수 풍경을 즐기는데, 갑자기 버스가 멈췄다. 승객들이 고개를 쭉 빼고 기웃거렸다. 세상에… 눈앞에서 길이 뚝 끊겨 하늘 위로 솟구치고 있었다. 기사는 시동을 껐고 승객들은 한숨

을 푹 쉬었다. 도개교가 천천~히 열리고 하얀 요트가 고고히 지나갔다. 목표했던 기차를 놓쳤고 45분을 손해 보았다.

오후가 되어 도착한 미술관의 아름다운 풍경과 귀한 전시 이야기는 건너뛰겠다. 이제 코펜하겐으로 돌아가 여유롭게 저녁 일정을 보내고 귀가해야지 마음먹을 무렵, 마뉴엘에게 메시지가 왔다. 자신도 코펜하겐에 있으니 크리스티아니아 Christiania에 아직 가보지 않았다면 구경시켜 주겠다는 제안.

크리스티아니아는 코펜하겐 도심 복판에 자리한 무정부주의자들의 마을이다. 원래 군사시설이 있던 지역에 군대가 철수하자 내 땅 네 땅 구분 없는 자유 영혼들이 모여들었다. 우리나라로 치면 용산에 있던 미군기지가 철수하자 그곳에 아나키스트, 히피들이 집을 지어 살기 시작한 셈. 이들이 공유지를 무단 점거하며 임대료도 세금도 내지 않겠다고 버티니 정부나 이웃들과 마찰이 심했다. 40년간 투닥거린 끝에 크리스티아니아는 자치마을로 인정받게 되었고 이제는 정부의 복지혜택도 받고 있다. 정부의 지원을 받는 무정부주의자, 무정부주의자를 지원하는 정부! 이것이 덴마크다. 크리스티아니아는 관광명소(?)이기도 하다. 마을 안에서 마리화나가 공공연히 불법 유통되기 때문에 호기심 어린 관광객들이 찾아오는 것이다. 여기까지 보면 범죄도시 같지만, 히피들이 자연주의적 관점으로 수십 년에 걸쳐 조성한 개성 있는 집들과 설치예술품, 도심 속 여백 같은 자연이 아름답게 펼쳐진 곳이기도 하다.

혼자라면 긴장했을 텐데 마뉴엘의 안내로 편안히 둘러보는 사이 해가 뉘엿뉘엿 넘어갔다. 크리스티아니아는 건전했던 낮의 모습을 벗어던지고 본격적인 면모를 드러냈다. 쿵쿵거리는 음악과 화려한 조명이 마을을 감쌌다. 밥 짓는 연기 대신 마리화나 태우는 냄새가 풍겨 왔고 그 효과인지 사람들이 웃기 시작했다. 슬슬 기차를 타러 가야 하지 않을까 싶었지만 마뉴엘이 알아서 하겠거니 했다. 그런데 웬걸! 한참 후에 날아온 마뉴엘의 해맑은 질문, "오늘 네 숙소는 어디야?" 자신은 1박을 할 예정으로 시내에 숙소를 예약해 두었고 나 역시 그런 줄 알고 여유롭게 시간을 보냈다며!

나는 마뉴엘을 박차고 일어났다. 황급히 마을을 빠져나와 대로변으로 나가니 세상에, 이곳은 크리스티아니아보다 더 기쁜 상태였다. 마침 LGBT 프라이드 페스티벌 날이어서 레인보우 깃발이 하늘을 덮었고 흥겨운 사람들이 길목을 가로막고 있었다. 버스길도 난리, 지하철길도 북적, 겨우겨우 도착한 기차역은 풀 태운 냄새가 진동했다. 머리가 지끈거렸다. 기차는 자정이 다 되어 코펜하겐을 벗어났다. 좌석에 앉자마자 낮에 사둔 자전거 라이트 상자를 개봉했다. 앞뒤에 달도록 두 개의 라이트와 그것을 고정하는 부품이 들어 있었지만, 설명서를 아무리 읽어도 어떻게 고정하라는 말인지 이해가 되지 않았다. 생각을 관두기로 했다. 오늘은 그런 날임이 틀림없다. 어느새 어제 일이 되었지만.

기차역에 내려 마지막 버스를 겨우 잡아탔다. 원래 타려던 버스보다 빙 돌아가는 노선의 버스였다. 내려야 할 정거장이 다가오니 불안이 들이닥쳤다. '이 시점에서 자전거마저 없어졌다면 정말 완벽한 시나리온데?' 버스 전조등에 노란 궁둥이가 살짝 비쳤다. 왈칵했다. 되었다! 이제는 도개교도, 교통 통제도, 으스스한 기차 대합실도 없다. 온종일 쓸쓸했을 따릉이를 데리고 집에 가기만 하면 된다.

자전거에 라이트 달기는 역시 실패. 해서 안 될 땐 되는 것을 해야 한다. 라이트는 두 개, 운동화도 두 짝, 운동화 끈을 풀어 라이트를 자전거 프레임에 칭칭 감고는 전원 버튼을 눌렀다. 태초의 우주처럼 막막한 공간 속, 앞에 하얀 라이트 하나, 뒤에 빨간 라이트 하나가 나의 좌표를 말해주었다. 신발끈 없이 헐렁해진 운동화 발로 조심스레 페달을 밟았다. 왔던 길을 그대로 거슬러 가기만 하면 된다. 좌회전, 교회, 그리고 좌회전. 그런데… 낮의 길과 밤의 길이 너무도 달랐다. 이정표로 삼았던 교회도 교통표지판도 보이지 않았다. 가로등 없는 시골길, 바퀴 바로 앞 땅바닥에 놓인 조그맣고 동그란 빛이 전부였다. 오로지 기억과 감각만으로 집을 찾아야 한다.

들리는 것은 바람 소리, 풀벌레 소리, 그리고 점퍼에 투둑투둑… 이것은… 설마 빗소리…? 비까지 내린다고? 그때 등 뒤에서 자동차 엔진소리가 들렸다. 소름이 끼쳤다. 제발 졸음운전이 아니길, 음주운전이 아니길, 나를 제대로 보아주길. 엔진소리가 빠르게 가까워지는데 속도를 줄이지 않는 느낌이었다. 새라는 차를 믿으라고 했지만, 그들이 굉음을 내며 나를 스쳐 지나갈 때마다 온몸이 쪼그라들었다. 하기야 저쪽도 이 상황이 공포였을 테다. 이런 시간, 이런 길, 추적추적 빗속에서 자전거를 타고 가는 검은 머리 여자라니… 설핏 웃음이 터졌다.

축축이 젖어가며 어디로 가는지도 모르는 페달을 밟는데 어느 지점부터 바퀴를 넘길 때마다 자전거가 점점 무거워졌다. 피곤하고 지쳐서가 아니었다. 자전거 짐받이에 분명히 누군가 앉았다. 아니, 짐받이를 붙잡고 뒤로 잡아당기고 있거나. 뺨의 털이 쭈뼛 솟았다. 나아가려 애를 쓸수록 알 수 없는 무게가 자전거를 더 강하게 잡아당겼다. 뒤통수가 저릿저릿했다.

결국 자전거를 멈추고 서버렸다. 허벅지가 파르르 떨렸다. 돌아⋯볼⋯까? 전혀! 그러고 싶지 않았다. 점퍼 안주머니에서 핸드폰을 꺼냈다. 배터리 잔량 20%. 혹시나 비상전화를 할 일이 생길 것을 대비해 쓰지 않고 남겨둔 최후의 보루였다. 곧장 팟캐스트 앱을 실행했다. 청취자들이 낭패 본 사연을 소개해주는 프로그램인 〈요즘은 팟캐스트 시대〉를 볼륨 최대치로 재생하고 다시 페달을 굴렸다. 나보다 더 처지가 꼬인 사람들의 이야기와 진행자의 호쾌한 웃음소리가 덴마크의 밤을 찢었다. 그러자 짐받이를 붙들고 있던 힘이 점차 빠지는 것이 페달에 전해졌다.

잠시 후 어둠 속에서 더 어둡고 빽빽한 어둠이 세상 끝의 거대한 장막처럼 눈앞을 가로막았다. 스반홀름 초입에 길게 늘어선 가로수들이었다. 가로수길의 끝에 노오란 빛, 공동체 입구에 놓인 가로등이 보였다. 페달을 슬쩍 밟는데도 길이 따릉이와 나를 끌어당기듯 가속이 느껴졌다. 마지막 우회전을 하자 메인빌딩이 눈앞에 나타났다. 새벽 두 시, 모든 불이 꺼진 공동체⋯ 방 안에 들어갈 때까지 나는 한 번도 뒤를 돌아보지 않았다.

샤워를 조용히 하고 가스레인지에 물을 올렸다. 지금 이것은 단순한 라면 한 그릇이 아니다. 생명의 물, 도전의 소금, 극복의 고춧가루, 행복의 동결건조 파, 안도의 MSG, 그리고 축하의 면발이었다. 경건하게 라면을 해치운 다음 배낭에서 빵 봉투를 꺼냈다. 조금 납작해진 크루아상 5개가 자태를 드러냈다. 근처에 제대로 된 베이커리가 없는 스반홀름에서 크루아상은 진귀한 아이템이다. 크루아상을 담은 바구니 위에 깨끗한 티타월을 덮고 쪽지를 남겼다. Croissants from Copenhagen. Help yourself!

일요일 오후, 눈을 뜨니 지난밤 일이 하얀 천장에 촤르륵 펼쳐졌다. 크루아상 바구니는 비었고 마뉴엘도 돌아와 있었다. 게스트들과 눈이 마주치자마자 "있잖아 얘들아, 어젯밤에…" 하고 지난 이야기를 하려다 말았다. 세상 모든 것이 어제와 똑같은데 남모르는 사이에 혼자 달라진 존재가 된 듯한 기분이 은밀했기 때문이다.

모래배구를 하자며 다 함께 나섰다. 운동화 끈으로 처절하게 묶었던 라이트를 자전거에서 풀어주고 동료들을 뒤따랐다. 배구장에 가보니 마뉴엘 녀석이 이다의 강스파이크를 맞고 휘청거리고 있었다. 배구장 옆 트램펄린에는 꼬마들이 풀쩍풀쩍 뛰고 있었다. 귀밑머리에 땀방울이 송송 맺힌 꼬마들이 떠올랐다 착지하기를 반복할 때마다 나는 오싹오싹했다. 발목을 접질리면, 무릎이 뒤틀리면 큰일인데…. 내 걱정을 모르는 꼬마들은 아랑곳하지 않고 몇 번을 날아오르더니 이내 싫증이 났는지 어디론가 떠났다. 발바닥에 모래를 잔뜩 묻힌 새라와 이다, 마뉴엘이 트램펄린으로 넘어왔다. 트램펄린은 아까보다 깊게 꺼지고 녀석들은 높이도 솟구쳤다.

"이리 와, 같이 하자!"

산발이 된 새라가 내 쪽으로 손을 뻗었다. 나는 홀린 듯 슬리퍼를 벗고 어느새 트램펄린 위에 올라서 있었다. 떠 있는 것도 닿아 있는 것도 아닌 모호한 상태, 발바닥이 간지럽고 속이 울렁거렸다. 30년 전 그날, 이것에 올랐을 때도 이런 기분이었던가. 아니다. 그때는 몸이 느껴지지 않았다. 풀쩍풀쩍 나풀나풀 함께 뛰어오르던 친구들의 웃음만 보였다. 우그러져 있던 트램펄린 그물망도, 비뚜름하게 잘못 착지한 내 왼쪽 다리도 보이지 않았다. 몸 안에서 둔탁한 소리가 들렸고 나는 왼쪽으로 무너졌다. 엄청난 통증에 울고 있는 사이, 엄마와 아빠가 어딘가에서 나타났고 업혀서 병원에 들어갔다. 발목부터 허벅지까지 석고 틀이 채워진 후 나는 집에, 몸에 갇혔다.

오금에 땀이 차 서늘했다. 후들거리는 다리에 조심스레 무게를 실어 그물망에 반동을 주었다. 출…렁… 몸에 파도가 쳤다. 아직 발을 떼지 못하고 있는 사이, 새라의 반동에 내가 튕겨 떠올랐다. 내 몸이 떨어지면 다른 사람이 솟구쳤다. 부딪히고 뒹굴고 폭소하는 사이, 스반홀름의 바람이 입 안으로 가득 들어왔다. 트램펄린에 누워 흐르는 구름을 지켜보았다. 우리의 숨 고르는 소리를 들으며 나는 속으로 말했다.

"내 평생 트램펄린에 다시 올라올 일은 없을 거라 생각했는데… 30년 만에, 그것도 연애를 망치고 숨어들어 온 덴마크에서 타게 되다니. 너희들은 몰랐겠지만, 아니야, 알지 못해도 괜찮아. 오늘, 같이 뛰어줘서 고마워!"

코펜하겐에 다녀올 때면 꼭 돌아오는 교통편에 문제가 생겼다. 시커먼 시골길을 비까지 맞으며 자전거로 내달린 이후에도 매번 꼬였다. 시간과 에너지 소모는 말해 무엇하리. 다만 전보다 덜 패닉에 빠지고 덜 자책하고 "어찌어찌 집에는 가겠지." 하며 그저 내맡긴다는 것이 나아졌다면 나아졌다고 할 포인트다. 마지막 여행에서도 어쩔 수 없이 30분이 더 걸리고 한 번 더 갈아타야 하는 심야버스를 탈 수밖에 없었다. 사정을 모르는 기사님은 나를 내려주면서 원래 내가 타려던 루트를 알려주었다.

"다음엔 230R번 버스를 타렴. 갈아타지 않아도 되고, 훨씬 빠르단다."
그 사실을 몰랐던 척하며 "감사합니다." 하자, 그가 한마디를 더했다.
"오래 걸리지만 이렇게 빙 돌아오는 길의 풍경도 꽤 괜찮지?"

나는 "맞아요. 참 좋았어요"라고 답했다. 실은 대기시간에 조용히 책을 읽는 당신의 모습부터가 좋은 풍경이었다는 말은, 마음속으로만 덧붙였다.

우리 머리 위의 장례식

"썸머, 언제 떠날 거야?"

9월이 되자 동료들이 묻기 시작했다. 특히 새라는 눈이 마주칠 때마다 물었다. 8월 5일에 왔고 두 달간 지낼 거라고 했으니 10월 초에 떠나는 게 뻔했지만, 나는 대답을 뭉갰다. "글쎄, 잘 모르겠어."

우리는 누구나 떠나기로 약속하고 이곳에 있다. 다만 그 약속이 느슨하다. 오늘 온다는 사람이 내일 올 때도 있고, 아예 안 오기도 한다. 떠나는 날은 더욱 흐릿하다. 사람들은 예정보다 더 빨리 혹은 더 늦게 떠났다. 먼저 떠난 이들에게 나도 같은 질문을 했었고 그때마다 실감했다. 서로가 결국 떠날 것을 알기에 애틋한 마음으로 같은 질문을 하고 또 한다는 사실을. 미련 맞은 사람들 사이에서 막상 내가 가는 날을 말하려니 속이 울렁거렸다. 새라도 이다도 크리스틴도 몇 주 후면 밖으로 돌아갈 텐데, 녀석들을 여기 두고 나만 영영 떠나는 기분이 드는 건 왜

일까.

하루는 빌딩그룹의 체크셔츠 할아버지가 하얀색 페인트통과 롤러를 들고 부엌으로 내려왔다. 게스트들이 남긴 메모로 벽이 가득 찰 때마다 덧칠을 한다고 했다. 레오니, 마뉴엘, 요시, 그 밖에 내가 모르는 이름들이 고심해서 남긴 마지막 한마디가 흰 페인트 밑으로 모습을 감췄다. 부엌의 벽은 말과 페인트가 겹겹이 쌓인 페이스트리Pastry였다. 훗날 이 책의 제목이 되는 비밀 존재가 숨어 있는 쪽을 조마조마하게 바라보는데, 다행히도 그곳은 할아버지의 관심 밖이었다. 하얗고 깨끗하지만 어색해진 벽을 바라보며, 원래 일정을 묻어버리고 새 고민을 하기 시작했다. 과연 언제 떠나야 할까?

내 비행기표는 덴마크 입국, 독일 출국이었다. 지도에서 덴마크와 독일이 붙어 있는 것을 보고 그렇다면 베를린에 사는 친구 플로리안을 만나고 한국에 오자는 계획이었다. 크리스틴은 "독일에 가지 마. 그만큼 우리랑 더 있자. 응?" 하며 졸랐다. 이 사랑스러운 얼굴을 보고 있자면 갸또 오 쇼콜라의 장식을 맡겼던 때처럼 선뜻 "그러마!" 대답하고 싶어졌다. "제발"을 붙이지 않더라도.

"언제 가?"와 "글쎄"를 반복하던 어느 토요일, 꽃을 한 아름 따서 메인빌딩으로 들어오는 소피를 만났다. 들꽃이 아니라 판매용 꽃밭의 꽃이었다. 소피 뒤로는 둥근 호박과 긴 호박, 감자, 대파, 아티초크, 각종 허브를 손수레에 그득그득 싣고 오는 스반홀르머들이 보였다. 여름 볕이 담뿍 스민 꼿꼿한 색감, 생기고 싶은 대로 자라난 우리 꽃과 채소를 바라보자니 경이로웠다.

사람들은 채소의 일부를 건물 안에 들여놓고, 나머지로는 1층으로 올라가는 계단을 꾸몄다. 추수감사절을 위한 꾸밈인가? 갸우뚱하는 사이 새라가 이야기를 들려주었다.

"할머니 한 분이 돌아가셨어. 내일 강당에서 장례식을 할 거래."

서양에서는 화려한 꽃이나 고인이 평소 좋아하던 물건으로 장례식장을 꾸민다는 이야기를 들은 적 있다. 하지만 채소로 장식한 경우는 어디에서도 보지 못했다. 스반홀름에 살던 사람을 배웅하는데 스반홀름 땅에서 태어난 채소로 장식한다니, 얼마나 상징적이고 아름다운 아이디어인가. 새라가 침을 꿀꺽 삼키며 말했다.

"그거 알아? 할머니의 관이 이미 강당에 모셔져 있어. 금요일부터 있었대. 강당이 어디에 있냐면…"

나는 강당이 어디에 있는지 알고 있었다. 메인빌딩은 3층짜리 고풍스러운 붉은 벽돌 건물이다. 지은 지 100년이 넘은 이 문화재급 건물은 정부의 관리하에 있어서 공동체 마음대로 구조를 변경하지도, 페인트 색을 바꾸지도 못한다. 우리로 치자면 한옥 고택이랄까. 김목인의 노래 「스반홀름」에도 나오듯, 낡은 나무 창틀도 새것으로 교체하는 대신, 주기적으로 떼어내 잔디밭에 늘어놓고 새 페인트, 그것도 늘 같은 흰색으로 칠한 후 도로 끼워 넣는 것이 빌딩그룹 게스트의 주된 일이다.

그 건물 1층에 강당이 있다. 마룻바닥은 반들거리고 천장에는 화려한 샹들리에가 걸려 있다. 피아노도 있다. 강당이라는 뻣뻣한 명칭과는 별개로 퍽 로맨틱한 자태다. 나는 혼자의 공간

이 필요할 때면 이곳을 찾았다. 늘 비어 있는 데다 널찍하고 볕이 잘 들어 쾌적했기 때문이다. 담요 한 장을 가지고 올라가 스트레칭을 하거나 벽에 기대어 책을 읽던 곳에서 장례식이 열린다니.

"소름 돋지 않아? 어제 자고 있을 때 우리 머리 위에 관이 있었다구!"

새라는 누가 들을세라 속삭이면서 검지로 천정을 가리켰다. 강당은 대충 우리 부엌과 3~5번 방 위에 있다. 강당을 생각하면 2, 3층에 사는 사람들, 특히 꼬마들의 발이 그려졌다. 1층 현관에 아무렇게나 섞여 있던 그 자그마한 운동화, 장화, 슬리퍼 짝들…. 강당에 있을 때 어른들의 기척을 들은 적이 별로 없다. 대신 1층 문을 벌컥 열고 신발을 내동댕이친 다음, 신나게 계단을 뛰어오르던 아이들의 맨발 소리를 자주 들었다.

아이들에게는 금요일도 오늘도 다름없는 하루다. 조그만 입으로 오물오물 밥을 먹고, 살이 차오르고, 뼈가 자라고, 절대적으로 의지하는 존재의 품 안에서 잠이 든다. 그러는 동안 공동체의 어느 방에서는 한 생명이 마지막 남은 숨을 몸 밖으로 내보내고 있는 장면을 상상했다. 그는 이제 공동체에서 유일하게 숨을 쉬지 않는 존재가 되어 배웅을 기다리고 있다. 아이들의 발 아래에서, 우리의 머리 위에서.

새라와 이다는 장례식 준비에 자원봉사자로 나섰고 일요일의 장례식에도 참석한다고 했다. 내게도 함께하겠냐 물었지만 코펜하겐에 가야 한다고 사양했다. 일요일 아침, 밭의 색깔로 화려하게 꾸며진 강당 입구를 힐끔 바라보고 공동체를 떠났다.

밤에 돌아오니 새라가 장례식 이야기를 들려주었다.

할머니는 공동체에 가족이 없었다. 평생 독신이었는지는 모르겠고 최소 몇 년은 이곳에서 혼자 지낸 듯했다. 병원에서 치료를 받다가 임종을 하기 위해 얼마 전 집으로 돌아왔다. 장례식장은 아주 근사하게 꾸며졌고 분위기도 편안했다. 아이들을 비롯한 공동체 사람 모두가 모여 애도의 시간을 가졌다. 새라는 공동체의 장례식을 보는 것은 처음이었다며, 가보길 잘했다고 했다.

나는 천장을 바라보고 곧게 누워 잡념의 강물 대신 우리 머리 위의 장례식을 불러왔다. 할머니는 마지막 숨 이후 스스로 어찌할 수 없는 몸을 공동체 안 자신의 집, 자신의 침대 위에 두고 가기로 정했다. 나는 집에서 태어났다. 엄마는 산파의 도움을 받아 식구들이 살던 방에서 나를 낳았다. 이제는 집에서 태어나는 사람도, 집에서 떠나는 사람도 거의 없다. 집이 탄생과 죽음의 배경이 되는 시대는 빠르게 저물었고 산업이 그 자리를 차지했다.

삶터에서 죽음을 맞는 사람, 삶터에서 타인의 죽음과 그 다음을 관장하는 사람들의 입장을 상상해 본다. 평소보다 말끔히 입고 강당에 들어서는 사람들을 그려 본다. 망자와 친했을 수도, 얼굴만 알던 사이였을 수도 있다. 일상의 사건들로 가득 찬 시간과 공간에 비일상의 끝 '죽음'이 놓여 있다. 호박과 아티초크를 배경 삼아.

친구와 이런 이야기를 나눈 적이 있다. 사람이 죽을 때 시각, 촉각, 미각 등의 감각이 한꺼번에 죽는 것이 아니라 하나하나 서서히 꺼져간다고. 그중 가장 마지막까지 남는 것이 청각인데, 사망 후에도 한 시간가량 청각이 살아 있더란다. 그러니 임종을 지킬 때 망자를 붙드는 말이나 원망하는 말은 금하는 것이 좋다고 한다. 마지막 한 시간, 우리는 느낄 수도 볼 수도 없지만 들을 수는 있는 이상한 곳에 머문다. 그 시간이 참담할지 벅차오를지는 곁에 누가 있느냐에 따라 전적으로 달라진다. 삶은 내가 어찌할 수 없는 마지막 한 시간을 지켜줄 다정한 사람들, 혹은 단 한 사람을 만나기 위한 여정일까. 그런 사람이 이미 곁에 있다면 참 좋은 삶이자 죽음이겠다는 것이 그날 대화의 결론이었다.

지금은 어디에서 어떻게 사는지도 모르는 사이가 되었지만, 그때 친구는 단단히 약속했었다. "나는 너를 아주 사랑했어. 너는 아름다운 곳으로 가는 거야. 우린 거기에서 만나게 될 거고. 이런 말을 해줄게. 외롭지 않게 해줄게"라고. 나는 그의 한 시간을 무슨 말로 채워줄지 대답하지 않았다. 스반홀름의 할머니는 어떤 소리를 들었을까. 아이들은 어떤 작별 인사를 건넸을까. 내가 누군가의 단 한 사람이 된다면 어떤 말을 건네줄까. 새삼 상상해 보려다가 관두었다. 그런 일은 상상이나 연습, 가정 같은 단어와는 어울리지 않으니까.

가장 낮은 일, 가장 높은 대화

"도대체 이게 무슨 냄새야!"

아침에 일어난 동료들이 하나같이 코를 부여잡았다. 숙소에 분뇨 냄새가 그득 찼다. 누구는 날이 더워져 소 축사의 냄새가 심해진 거라고, 누구는 근처 밭에 거름을 뿌려서 그렇다고 했다. 9월 중순, 우리는 여름의 절정에 올라섰다. 동료들의 얼굴은 톤을 바꾸었나 싶을 정도로 벌게졌고, 특히 어깨 피부는 얇게 포를 뜬 듯 벗겨져 나갔다. 그들은 내가 햇살을 피할 때 짓던 표정보다 더 징글징글한 표정으로 햇살을 대했다. 전세 역전!

내 앞에 줄 선 동료들에게 선크림을 덜어주며 밭의 하루가 시작되었다. 밭에 나올 수 없었던 한나는 새라에게 전화로 지령을 내렸다. 모두 데리고 나가 '어떤' 밭의 잡초를 제거하란다. 새라는 처음 듣는 이름의 작물이라고 했다. "양파밭 바로 옆에 얼마 전 씨앗 뿌린 밭이래" 정도만 듣고 우리는 그곳으로 향했다.

스반홀름에서 드센 잡초, 순한 잡초, 기이한 잡초, 예쁜 잡초, 잡초란 잡초는 다 만나보았지만, 그중 제일 작은 잡초였다. 텅 빈 밭에 보리새싹처럼 작고 가는 잡초가 띄엄띄엄 솟아 있었다. 땅속에 숨어 있을 씨앗을 밟지 않기 위해 우리는 조심스레 발걸음을 내려놓아야 했다. 평소처럼 기어다닐 수 없으니 쪼그려 앉은 채로, 잘 보이지도 집히지도 않는 잡초를 하나씩 뽑아나갔다. 뙤약볕 아래서 꼼지락거린 지 얼마나 되었을까. 새라의 핸드폰이 울렸다. 새라는 전화를 받더니 심각한 얼굴로 "네. 아~ 네네…." 하고 끊었다. 그리고선 웅크리고 있는 우리에게 말했다. "얘들아, 여기가… 아니래…."

우리는 고개를 세차게 저었다. 아침의 구린 기운이 여전한 가운데 허탈함이 밀려왔다. 뽑아야 할 잡초는 옆 옆 밭에, 누가 보아도 잡초스럽게 자라나 있었다. 다들 내뱉고 싶었지만 묻어두었던 말을 크리스틴이 해맑게 꺼냈다. "그럼 우리가 뽑은 건 뭐야?" 우리는 묵묵히 옆 옆 밭으로 발걸음을 옮겼다. 아직 정오도 되지 않은 시각, 벌써 벌겋게 달궈진 녀석들의 등을 따라가는데 웃음이 터졌다. 누구 하나쯤 짜증을 낼 법도, 누구를 탓할 법도 한데 그러는 사람이 없다. 여기가 아니라니까 아닌가 보다 하고 툴툴 털고 일어나는 이 천연덕스러운 등짝들을 이제 일주일 후면 볼 수 없다니.

오후부터는 콩밭에서 잡초를 뽑는데, 한층 강렬해진 볕에 분뇨 냄새까지 밭을 덮쳤다. 콩밭은 축사에서 아주 멀기 때문에 근처 밭의 거름이 틀림없었다. 너무나 분명하고 신선한(?) 게 갓 뿌려진 듯했다. 늘 머리꼭지에 닿을 듯 내려와 그늘을 만들어

주던 구름도 오늘은 온데간데없었다. 현기증이 나서 고개를 들어보니 웅크리고 앉은 동료들의 뒷모습이 둥글둥글했다. 밭에서 우리 몸은 대체로 그렇다. 등허리를 굽히고 머리를 숙인다. 낮게, 더 낮게 가다 보면 아예 땅을 기기도 한다. 그렇게 느릿느릿 앞으로 나아가는 모습은 삼보일배나 오체투지를 하는 죄 많은 중생 같다. 내가 떠난 후에도 이 광경은 여전하겠지, 그래야 밭이 살고 사람도 살겠지.

콩밭이 적막에 사로잡혔다. 힙색에서 핸드폰과 이어폰을 꺼냈다. 스반홀름에 올 때 새하얬던 이어폰 줄이 흙먼지로 꼬질꼬질했다. 땅의 노동이 지금보다 더 고통스럽고 참담했던 시절, 사람들은 노동요에 두려움을 숨겼다. 아름답거나 흥겨운 어딘가에 정신을 맡기지 않고서는 도리가 없었을 것이다. 마치 봉준호의 『마더』(2009) 속 엄마가 진실을 감당할 수 없어진 순간 정신을 놓고 막춤을 추듯. 오늘의 노동요를 찾아 라디오 채널을 훑는데 사이먼 앤 가펑클의 「험한 세상의 다리가 되어Bridge over troubled water」가 나오고⋯ 나는 속절없이 굴복해 버렸다. 신이시여, 이 문제적 콩밭에서 우리가 살아 나갈 브릿지는 어디에 있나이까.

핸드폰에서 이어폰을 뽑아버리고 볼륨을 최대치로 높였다. 절절한 피아노 반주가 텁텁하고 구릿한 공기를 뚫고 퍼져 나갔다. 밭 한가운데 엘리자벳이 오도카니 서 있었다. 언제부터 저러고 있었을까, 무언가 아득한 표정. 눈이 마주치자 엘리자벳이 내게 소리쳐 물었다. "괜찮아How are you?" 나는 답했다. "뭐가? 이 냄새가? 아니면 내 인생이?" 엘리자벳은 어이가 없다는 듯 꺼이꺼이 웃었고 나도 눈물이 고이도록 웃다가 굳은 무릎을 펴고 일어나 제대로 된 답을 했다.

"모두 잘 들어. 나는 너희와 함께 있어서 행복하고, 이 순간을 오래 기억할 거야. 그리고 우리의 이야기로 책을 써서 너희들에게 보내줄 거야."

"와, 썸머는 글 쓰는 사람이야?" 묻는 크리스틴부터 "우리는 노래도 있고 책도 있는 거네!" 감탄하는 새라, "내 위주로 써줘!" 요청하는 이다까지…. 들뜬 콩밭 한복판에서 문장 하나가 맴돌았다.

〈나는 우리를 사랑한다.〉

감자에 눈물을 묻는다

9월 마지막 주, 더위는 여전했다. 한나의 오늘 할 일 브리핑을 들을 날도 이제 한 손으로 꼽을 만큼 남았다.

"자, 감자트럭으로 갈 사람, 한 명만 손?"

동료들은 일제히 한나의 눈을 피해 있지도 않은 먼 산을 바라보았다. 어제와 그제 손을 들었던 크리스틴과 엘리자벳, 새라는 재빠르게 고개를 떨구었다. 내가 나섰다. 한나는 고맙다는 신호를 보내며, 당근밭에서 조금 더 들어가면 우리 밭의 끝자락이 나오는데 그곳에 감자트럭이 있다고 일러주었다. 우리는 각자의 밭으로 흩어졌다.

'감자를 골라내는 일'이라고 해서 감자밭일 줄 알았는데 아무것도 없는, 그냥 '땅'이었다. 커다란 트럭이 한 대 덩그러니, 짐칸에는 노란 천막이 덮여 있었다. 드라이버 한 명과 처음 보는 백금발의 일꾼 한 명이 감자트럭 동료들이었다. 천막 안에는 컨베이어 벨트가 기다랗게 설치되어 있다. 드라이버가 차를 몰

면 트럭 앞에 달린 갈고리가 땅을 갈아엎으면서 흙덩이를 컨베이어 벨트로 끌어 올린다. 나와 일꾼의 임무는 흙 속에 숨어 있는 감자를 건져내는 것이다. 남은 흙은 컨베이어 벨트를 타고 트럭의 뒷부분으로 빠져나가 다시 땅으로 떨어진다. 지난 계절 이곳은 감자밭이었다. 감자나 다른 작물을 심기 위해 땅을 갈아엎기 전, 미처 수확하지 못한 감자를 이런 방식으로 구출한다. 트럭은 마치 땅을 먹고 감자를 내주고 흙을 토하는 거대한 노랑 두더지 같았다.

천막팀은 흙덩이를 일일이 부수어 안에 있는 감자를 찾아내야 했다. 콩 고르기처럼 눈에 빤한 일이 아니었다. 흙덩이가 너무 빠르거나 느리게 들어오면 일꾼이 벨트 옆에 달린 버튼을 눌러 드라이버에게 신호를 주어 조절했다. 천막 안은 심하게 흔들렸고, 나와 일꾼은 종종 천막의 철제 프레임을 붙들고 균형을 잡아야 했다. 기껏 흙을 털어 냈는데 허망하게도 감자가 아니라 돌멩이인 경우도 있었다. 그럴 때면 우리는 민망해서 피식 웃었다.

티브레이크도 두 남자와 함께 가졌다. 눈동자가 맑은 호수색이던 일꾼은 여름 농번기에 일용직으로 고용된 지역주민이었다. 말수가 적고 표정은 순했다. 드라이버는 농부그룹에 속한 사람이라는데 그동안 본 적은 없던 터프한 아저씨였다. 그는 홍차를 원샷으로 마시고 담배 한 개피를 꺼내 물더니 멀리까지 가서 피우고 돌아왔다.

다음날, 한나는 또 감자트럭 일로 우리의 눈치를 봤다. 내가 손을 들었다. 크리스틴이 깜짝 놀라 물었다. "썸머, 괜찮겠어?" 나는 되려 무엇이 괜찮지 않은지 궁금했다. "멀미 말이야." 새라는 죽을 뻔했다고 했다. 그러고 보니 나도 멀미를 앓는데 감자트럭에서는 전혀 느끼지 못했다. 천막에는 조그만 창이 하나 있었고, 멀미나 현기증이 느껴지면 그 창으로 먼 곳을 보라고 일꾼이 일러주었지만 그럴 일은 없었다. "난 괜찮던데?"라고 해도 동료들은 내가 희생정신으로 일을 떠맡는다고 여겼다. 의도치 않게 존경 어린 눈빛을 받으며 감자트럭으로 두 번째 출근을 했다.

일은 어제와 똑같았다. 트럭에 시동이 걸리자 컨베이어 벨트가 털털거리기 시작했다. 내가 컨베이어 벨트 시작점에, 일꾼이 끝점에 섰다. 곧 트럭 아래에서 오늘의 상대들이 올라올 것이다. 이어폰을 한쪽만 끼고 음악을 틀었다. 며칠 전부터 꽂혀 있는 사이먼 앤 가펑클 리스트가 귓속에 흘러들었다.

크고 작고 축축하고 마른 흙덩이들이 끌어 올려졌다. 눈앞의 흙덩이를 재빨리 잡아 부서뜨리자 말쩡한 감자가 모습을 드러냈다. 이쁜 녀석. 내가 구해내지 못했다면 다시 땅바닥으로 추락해 트랙터 바퀴에 짓이겨질 운명이었다. 감자로 태어나 감자로 자랐는데, 감자의 일을 한순간도 해내지 못하고 짓밟히는 것을 두고 볼 수 없었다. 내가 다 구해줄게! 나는 바삐 움직였다. 품에서 조금 먼 녀석은 끌어당겨서 해결했다. 그러는 사이, 코밑에 있던 것들을 놓치고 말았다. 아뿔싸, 그것들을 거두려고 필사적으로 움직였지만 마음의 속도를 두 팔이 따라가지 못했다. 흙덩이와 감자들이 내 품을 빠져나갔다. 속절없이.

빠르게 쓸려가는 흙덩이를 바라보는데 목이 따끔하고 가슴께가 욱신거렸다. 처음이 아니었다. 밭에서도 카우치에서도 문득문득 같은 통증을 느꼈다. 지난 몇 달 동안 중요한 것들이 사라진 기분에 시달려 왔다. 우리가 했던 약속, 우리가 만든 기억들이란 트럭 밖으로 떨어지는 감자와 다를 게 무엇인가. 신중하고 소중했던 결정들이 그저 짓이겨진다니. 며칠 후면 집으로 돌아가 그 잔재를 마주해야 하는데 엄두가 나지 않았다. 놓쳐버린 시간, 기회, 사람… 갈수록 내 손에는 불리한 카드들만 늘어갔다. 나는 가망 없는 패자부활전을 반복하는 일에 지쳐 있었다. 요란하게 흐르는 컨베이어 벨트 위로 눈물이 뚝뚝 떨어졌다. 눈물도 처음이 아니었다. 밭에서는 땀을 닦는 척 훔친 다음 바람결에 말렸고, 카우치에서는 동료들과 우스꽝스러운 장난을 하며 더 크게 웃었을 뿐이다. 아무도 모르도록.

트럭이 멈췄다. 일꾼이 내가 우는 것을 보고는 드라이버에

게 신호를 보낸 것이다. 우리는 이른 티브레이크를 갖기로 했다. 일꾼은 흐릿한 홍차가 담긴 컵을 내밀었다. 나는 감자가 아깝고 불쌍해서 그랬다고 얼버무렸다. 말수 없던 일꾼이 말했다.

"우리가 놓친 감자는 밭에 남아 양분이 될 거야. 그리고 같이 하는 일이잖아. 혼자 떠맡지 말고 너의 다음을 믿어줘."

오후의 트럭은 조금 느리게 굴러갔다. 나와 일꾼은 조용히 일했다. 종종 눈이 마주쳤고 그때마다 살짝 웃었다. 우리가 건져낸 감자를 드라이버가 트랙터 짐칸에 놓인 컨테이너로 옮겨 실었다. 그 과정에서 감자 서너 알이 떨어졌지만 그는 개의치 않았다. 나는 드라이버를 한 번 흘겨보고 감자를 주워 컨테이너에 던져 넣었다. 그러면서 우리가 놓쳤던 감자도 몇 개 후다닥 챙겨 함께 넣었다. 그득 찬 컨테이너를 바라보며 드라이버가 말했다.

"태워줄까?"

일꾼이 트랙터와 컨테이너를 기어올라 감자 위에 훌쩍 올라탔다. 나도 일꾼을 따라 했다. 우리는 두 다리를 쭉 펴고 앉아 '포테이토 드라이브'에 나섰다. 드라이버가 창밖으로 고개를 빼고 소리쳤다. "아무에게도 말하면 안 돼. 컨테이너에 사람을 싣는 건 불법이거든." 나는 그러겠다고 약속했지만 그날 바로 한국의 친구들에게 동영상을 보여주며 자랑했다.

다음 날 아침, "오늘이 마지막 감자트럭!"이라며 한나가 나를 은은하게 바라보았고 나는 흔쾌히 고개를 끄덕였다. 어제보다 활짝 웃는 일꾼, 오늘도 터프한 드라이버와 함께 '감자 일병 구하기 작전'을 수행했다. 점심을 먹고 트럭으로 돌아오니 드라이버는 간데없고 일꾼이 소식을 전했다. 트럭이 고장 나서 장비를 가지러 창고에 갔다고. 트럭 바퀴에 기대어 앉아 음악을 듣는데 그대로 오후가 가버렸다. 드라이버는 돌아오지 않았고 우리는 오후 반차를 가진 셈이 되었다.

자전거를 끌고 집으로 향하는데 저 멀리서 낯익은 포니테일을 발견했다. 오! 캡틴, 나의 캡틴 한나. 다가가 보니 그는 배추와 비슷한 작물을 봉투에 담는 작업을 하고 있었다. 새라, 크리스틴 등이 함께 일하다가 4시가 되자 가버린 게 분명했다. 자전거를 세우고 밭으로 뛰어들었다. 한나가 손사래를 쳤다.

"아니야, 네 일은 4시면 끝나는 거야. 여기 있을 필요 없어."

"내가 좋아서 그래요."

사실이 그랬다. 한나와 단둘이 일하는 시간이라니, 그러기 위해 돈을 내라고 해도 냈을 나다. 남은 작물을 봉투에 모두 담는 데는 30분밖에 걸리지 않았다. 나는 자전거에, 한나는 트럭에 올라탔다.

"고마웠어, 썸머. 다음에 30분의 휴식을 챙겨줄게."

나는 빙긋 웃기만 하고 자전거 페달을 밟았다.

마지막 날

'아사코'라는 일본인이 농부그룹에 합류한다는 소식을 듣고 들꽃을 꺾어 그의 방을 장식했다. 생소한 타국 생활과 우리들의 꼴에 어리둥절할 극동의 소녀를 위한 일종의 안정제랄까. 여기, 그리고 우리가 모두 괜찮은(?) 상태라고 안심시키고 싶었다.

내 걱정이 무색하게 아사코는 스반홀름의 누구보다 더 멀리, 더 높은 경계를 들락날락한 사람이었다. 동그란 얼굴에 동그란 눈을 하고 동실동실한 기운을 장착한 그는 본래 인사 분야에서 일하던 회사원이었는데, 명상과 심리치료에 관심을 갖게 된 후 유럽 전역을 여행하고 있었다. 그것도 온몸을 던져서! 덴마크의 허허벌판에서 히치하이킹으로 마차에 올라타더니, 그대로 마차 주인의 농장에서 며칠을 일하며 지내고, 덤스터 다이빙 Dumpster diving*그룹을 만나 한밤중 쓰레기통에도 뛰어든 아사코. 그의 눈동자는 우리 삶의 이 면과 저 면을 모두 탐구하고픈

---

* 쓰레기통(Dumpster)에서 음식이나 물건을 줍는 행위. 주로 대형 슈퍼마켓의 쓰레기통을 뒤져 더 쓸 수 있지만 폐기된 옷, 음식, 금속 등을 재활용한다. 생활이 어려운 사람들이 주로 하지만, 과잉 생산이나 자원 낭비에 반대하는 환경 운동 성격을 띠기도 한다.

호기심으로 가득했다.

"썸머, 떠나기 전에 마시지를 꼭 해주고 싶어." 아사코는 나를 자기 방으로 초대해 침대에 바로 눕혔다. 그러고선 손바닥으로 정수리부터 발뒤꿈치까지 나의 온몸을 쓰다듬었다.

"내 마사지는 자극적이지 않아. 살갗을 부드럽게 문지르는 정도로 혈액순환을 도우면서 손으로 상대의 기운을 느끼는 거야. 이 과정에서 상대의 에너지가 어떤 상징이나 이미지로 나에게 전달돼."

나의 무엇이 아사코의 손을 따라 그의 머리, 마음으로 전해질까. 나도 몰랐던 면을 발견할 수도, 아사코에게 무언가를 들킬 수도 있었다. 기대되기도 두렵기도 했다. 아로마 오일을 바른 아사코의 손에서 허브향이 퍼지자 스르륵 눈이 감겼다. 얼마나 잤을까? 단잠에서 깨어난 내게 아사코가 말했다.

"말 두 마리가 보였어. 갈색 말 그리고 하얀 말. 건강한 느낌이야. 너의 다음 여행은 좋은 여행이 될 거야."

기동력도 영 없고 힘차지도 않은 나에게 말의 이미지, 게다가 두 마리라니… 어떤 연결점도 찾을 수 없었다. 아사코와 함께 할 날이 고작 며칠뿐이라는 게 아쉬울 뿐.

마지막 날, 티브레이크 시간에 한나가 송별회를 열어주었다. 백조가 그려진 티셔츠를 기념품으로 받고 서로에게 감사의 말을 건넸다. 오후 일을 마치고 나는 주도면밀하게 움직였다. 계획이 있었기 때문이다. 우선 엘리자벳과 크리스틴을 데리고 읍내 마트로 향했다. 내 손에는 약 300크로네, 5만 원 상당의 덴마크 돈이 남아 있었다. 녀석들이 좋아하는 맥주와 초콜릿, 감자칩 따위를 마음껏 고르게 했다. 500크로네가 훌쩍 넘어 나머지는 신용카드로 지불했다. 세 사람의 자전거 짐받이가 무거워졌다.

저녁에는 게스트들과 송별회를 했다. 머렉과 이바나가 다시 스반홀름에 일하러 와 있어서 더욱 기뻤다. 특별한 것 없이 그동안 먹던 음식을 먹고 녀석들의 캐리커처를 하나씩 그려주었다. 한나의 얼굴도 그려놓고 전달을 부탁했다. 아껴둔 보드카를 내놓은 머렉 덕에 송별회의 농도가 진해졌고, 우리는 웃다 지쳐 각자 방으로 흩어졌다.

새벽 2시, 모두 잠들었지만 나는 이제 시작이었다. 곧 방을 나서야 하는데 짐을 하나도 싸지 않아서 그것부터 해결해야 했다. 베를린에 도착하면 플로리안의 집에 바로 짐을 풀 테니 당장 필요한 것만 숄더백에 챙기고 나머지는 캐리어에 욱여넣었다.

이제부터는 집중력이 필요한 시간. 부엌에 들어가 마카를 집어 들었다. 지난 며칠, 독일행 버스도 예매해야 하고 베를린 일정도 짜야 했지만 모두 차치하고 작별의 벽에 쓸 말을 정하는 것이 나의 최우선 과제였다. 마음에 두었던 노래 가사를 적고, 마지막으로 모두를 위한 선물을 복도에 설치했다. 두 달 전, 거친 발소리와 흙덩이를 따라 들어왔던 하얀 복도를 이제 홀로 걸어 나갈 때다.

새벽 4시 반, 어둠이 슬쩍 물러난 시각의 공동체는 침착한 푸른색으로 젖어 있었다. 공동체 입구에 놓인 바위에 올라앉아 한나의 남편 톰을 기다렸다. 코펜하겐에서 베를린으로 가는 아침 8시 버스를 예매하며 원래는 어제저녁 코펜하겐으로 넘어가 1박을 할 생각이었다. 그때 머렉이 "톰이 매일 아침 코펜하겐으로 출근하니 그 차를 얻어 타!"라고 귀띔해 주었고, 한나는 부탁을 흔쾌히 받아주었다. 한나 가족은 공동체에서 차로 20분쯤 떨어진 곳에 살고 있었다. 아침 5시 전후에 픽업할 테니 입구에서 기다리라고 했다.

정말 떠난다니….

코펜하겐 해안가의 인어공주 동상처럼 오도카니 바위에 앉아 어제를 떠올렸다. 유럽 유로든 일본 엔이든 현지 화폐 한 장쯤은 남겨두며 다시 올 날을 기약하는 낭만을 좋아하는데, 이번 덴마크 돈은 다 써버리고 싶었다. 그렇지 않으면 떠나는 순간까지 실감이 날 것 같지 않았다. 동료들과 밭과 방과 따릉이와 제대로 된 굿바이를 하지 못한 채 어영부영할 것 같았다. 그렇게 단단히 준비한 작별이었는데 아쉬운 일들이 한두 개가 아니었다. 그래놀라를 한가득 만들어 둘 걸, 치즈케이크라도 구워 냉동고를 채워 놓을 걸, 아사코에게 빛의 들판을 보여주지 못했네, 숲속에서 잠자기도 못 해봤잖아.

'하루만 더 있을 수 있다면… 톰이 나를 두고 갔으면 좋겠어. 나를 잊어줬으면 좋겠어.'

시간이 안타까워지니 엉뚱한 생각이 파고들었다. 집을 떠나 생면부지의 세계로 향하는 사람처럼 쓸쓸하고 아렸다. 분명 내 집은 서울 종로, 내가 고른 가구, 커튼, 옷, 책이 있는 그곳이다. 두 달 전 그곳을 떠날 때는 맛보지 못한 기분이었다. 그때는 오히려 어서 등지고 싶었다. 내가 만든 결정들의 총합에서 벗어나

고만 싶었다.

 차 몇 대가 지나갔지만 바위 앞에 서지 않았다. 어느덧 5시 15분, 5시 30분이 되었다. 베를린으로 가는 버스 정거장은 코펜하겐 시내 중심에, 톰의 사무실은 외곽에 있었다. 그는 아침 시간에 도심에 들어가면 복잡해지니 외곽의 지하철역에 내려주겠다고 했고, 버스 정거장까지의 이동시간을 고려해 이렇게 이른 시간으로 약속을 잡은 거였는데…. 긴장된 마지막 날을 보내고 한숨도 못 잔 나는 상황 파악이 잘 안되었다. 그저 '어… 어떡하지?' 하고 있는데 핸드폰이 울렸다. 다급한 목소리의 한나였다.

 "썸머!!! 남편이 깜빡하고 지나쳐 버렸대!!!"

 의식이 또렷해지고 심장이 빠르게 뛰었다. 차도로 향했던 몸을 뒤로 휙 돌렸다. 눈앞에는 낡은 침대, 소박한 음식, 씩씩한 노랑 따릉이가 있었다. 누구도 탓하지 않고 무엇도 약속하지 않으면서 곁에 머무르는 사람들이 있었다. 세상 어디에도 땅 한 뼘 소유하지 못한 나지만, 말할 수 있었다.

 "여기가 내 집이다."

이튿날

"정말 미안해! 왠지 남편이 실수할 것 같더라니! 아니나 다를까, 전화해 봤더니 지나쳐 버렸다지 뭐야."

나는 괜찮다고 했다. 정말 괜찮았다. 독일까지 버스를 8시간이나 탈 생각에 버거웠던 마음이 순식간에 가뿐해졌다. 숙소에 돌아가 짐을 도로 풀고 밭으로 출근해 감자트럭이든 호박밭이든 상대할 기력도 있었다. 한나가 말을 이었다.

"지금 차 돌려서 가고 있다니까 조금만 기다려 줘."

아…. 곧 도착한 톰은 미안하다는 말을 몇 번이나 되풀이했다. 나는 괜찮다고 했지만 가는 내내 시무룩했다. 정말 떠나는 거였구나, 나는…. 늘 자전거로 달리던 길을 차로 가니 어색하다고 생각하는 찰나, 언덕 사이로 해가 떠올랐다. 부드러운 붉은 빛이 새벽의 푸른 기운을 서서히 밀어내고 우리 밭과 언덕, 숲을 어루만졌다. 낮게 깔린 덴마크 구름도 맑은 물색으로 물들었다. 내가 잠들어 있는 사이 매일 아침 찾아왔을 빛의 교체.

스반홀름의 일출은 이렇게 잔잔하면서도 걸출했구나. 떠나는 길에서야 만난 일출은 햇병아리 농부를 위한 밭의 작별선물이었다.

도시의 인프라 속으로 몸을 밀어 넣어 마침내 버스 앞에 섰을 때, 나는 몹시 지쳐 있었다. 계단, 엘리베이터, 지하철, 개찰구, 육교, 사거리, 신호등… 무엇 하나 당근 뽑히듯 스무스하지 않았다. 매 단계가 덜컥거렸고, 진땀이 멈추지 않았다.

버스를 예약할 때 옵션이 두 가지 있었다. 저렴한 버스와 비싼 버스. 버스의 설비도 비슷하고 독일까지 소요 시간도 같았다. 나는 비싼 버스를 골랐다. 이유는 단 하나, 비싸면 사람이 덜 탈 거라는 기대 때문이었다.

나는 누구와도 새로운 인사를 하고 싶지 않았다. 공동체의 너그러운 환경에서 동료들과 밭을 기는 동안, 두고 온 사정을 새까맣게 잊고 있었다. 얼마 뒤 한국에 돌아가면 마주하게 될 것들, 떠나던 날 내가 손댄 모양 그대로 남아 있는 흔적들. 스반홀름에서 어떤 시간을 보냈든 간에 그것들은 하나도 변하지 않은 채 나를 기다리고 있다. 숨이 막혔다. 스반홀름을 떠나고 싶지 않았다. 그 안이 좋아서이기도 했지만, 그 밖이 두려운 이유도 컸다. 도망은 잘도 갔지만 적당한 때에 씩씩하게 돌아오는 법은 몰랐다.

승객이 적은 버스에 올라타 이어폰을 끼고 잠든 척, 아니면 정말 잠들겠다는 계획이었다. 여행을 할 때마다 이상하게도 누군가와 친구가 되어, 다시 그를 찾아오곤 했지만 이번은 달랐다. 나는 버스 2층의 맨 앞줄 왼쪽 창가에 앉았다. 사실 그곳은 내가 예약한 자리가 아니었다. 예약 사이트가 무작위로 배정한 내 자리는 2층의 중간쯤이었는데, 어차피 만석은 아닐 테니 앞자리가 빌지도 모른다는 기대로 일단 앉아버렸다. 중간쯤 앉으면 앞뒤로 사람들의 움직임이 느껴질 텐데 그조차 싫었다.

2층 계단을 오르는 발소리가 들릴 때마다 혹시 자리 주인은 아닐까 조마조마했다. 출발시간이 다 되어갈 즈음 한 사람이 다가오는 소리가 들렸다. 그는 맨 앞줄까지 척척척 걸어오더니 복도 건너편 창가 자리에 앉았다. 그쪽을 바라보진 않았지만 여자인 것은 알 수 있었다. '휴….' 안도하며 숨을 내쉬던 순간, 머리 위에서 머뭇거리는 남자의 목소리가 들렸다.

"여기 내 자린데…."

아…. 나는 벌떡 일어났다. 뒷자리로 가려고 짐을 주섬주섬 챙기자 남자가 말했다.

"나는 창가 좌석만 예약했어. 복도 쪽에 앉으면 어때?"

오전 8시 정각. 코펜하겐을 떠나 베를린으로 향하는 2층 버스 맨 앞 좌석에서 왼쪽에 남자를, 오른쪽에 여자를 두고 '나의 다음'이 시작되었다. 그들의 이름은 독일인 쥴리앙, 그리고 덴마크인 쥴리였다.

• 에필로그 •

나의 다음, 자연스럽게

　여름은 힘들다. 작년보다 몇 도가 높다느니, 기록적인 폭염이니 해도 여름은 원래 힘든 계절이었다. 한 해의 한가운데이자 절정이니 그렇지 않겠는가. 대신 꼭대기까지 오르느라 몸과 마음이 어떤 식으로든 단련되어 있기 마련이다. 그래서 수많은 성장 영화의 배경이 여름인지도 모른다. 여름이 없으면 어른도 없다는 듯이.
　그해 여름, 사람을 피해 올라탄 비싼 버스에서 사람을 만나 독일 일정을 취소한 후 덴마크로 돌아갔다. 덴마크 돈을 다시 마련하고 스반홀름에도 놀러 갔다. 역시 나는 그렇게 쉽게 스반홀름을 떠날 운명은 아니었다. 새라와 크리스틴은 멋쩍어하는 나를 보고 웃음을 터트렸다. 아사코는 잘 적응하고 있었다. 이듬해에는 버스에서 만났던 사람의 가족과 함께 여름을 보내러 또다시 덴마크에 갔다. 그는 우리의 만남을 참 이상한 일이라고 기억했다. 여행길에서 낯선 사람과 마음을 나눈 것도, 집에 초대해 머물게 한 것도, 부모님에게 데려간 것도 처음이라고 했다. 우리는 우리의 이상한 이야기를 사람들과 나누기로 결심했다. 버스에서 만난 날로부터 3년 후 크리스마스에 책이 나왔다. 제목은 『장래희망은, 귀여운 할머니』, "나는 여행이 당최 싫다"로 시작하는 이상한 여행기다.

올여름 '덴마크 수확여행기'를 쓰고 있다 하니 제목을 궁금해하는 사람이 많았다. 전작의 제목이 귀여워서 무턱대고 구매했다는 후기가 많았던 만큼, 이번 책에도 기대하는 눈치가 역력했다. 제목은 스반홀름의 오븐 앞에 쪼그리고 앉아 비밀의 존재를 발견했을 때 이미 정해졌다. 후보군을 따로 만들지도 않았다. 사연을 들은 사람들은 모두 똑같은 질문을 던졌다.

"그 두려움이… 무엇이었을까요?" 혹은 "썸머의 두려움은 무엇이었나요?"

부엌 벽에 켜켜이 쌓여 있는 아우성들, 태평한 모습 뒤로 자기만의 전쟁을 치르고 있었을 나의 동료, 나의 공동체. 타인의 두려움은 달의 뒤편 같은 존재다. 달을 보는 것은 일상적이고 간단한 일이지만, 지구상의 그 누구도 자기가 선 자리에서 달의 뒤편은 볼 수 없다. 그것을 기어코 두 눈으로 확인하려 하고, 촘촘히 알려 하고, 완벽히 이해하려 애썼던 적이 있었다. 이해에 실패하면 화가 나기도 했다. 이제는 상상으로 가늠해 보고 짐작으로 배려해 보는 선에서 멈추곤 한다. 알려고 노력하는 것도 현명하고, 모르는 부분으로 남겨두는 것도 현명하다. 어떤 결정에 앞서 '함께 있는 것' 자체로 충분히 현명하다.

달의 뒤편이라니 언감생심! 우리는 자기 뒤통수조차 보지 못하는 존재가 아니던가. 그저 '느낌'으로 알 뿐이다. 그마저도 '지난 후에야' 자각할 때가 많다. 스반홀름은 체험을 위해 찾았던 곳이 아니다. 인생을 함께 계획했던 사람이 이제 각자의 길을 가자고 했을 때, 이름만 얼핏 알던 그곳에 마음이 자꾸 쏠렸다. 미운 사람을 '원더풀 퍼슨'으로 받아들이려 노력한다는, 비난은 우리를 어디로도 데리고 가지 못한다는 소개 문장에 호기심이 일었다.

'인생 첫 소매치기'라는 신고식 후 도착한 스반홀름에서 나는 불안한 숨을 내려놓았다. 열쇠가 필요 없고, 물건을 같이 쓰고, 지갑을 만지작거리지 않는 생활, 단순하고 반복적인 일, 그리고 당연한 듯 곁에 있는 좋은 그룹 사람들…. 내 인생 어느 때보다 들떴고, 느긋했고, 쾌활했고, 차분했다. 그곳에 가기 전에 있었던 일은 애초 없었다는 듯, 가장 깨끗한 색채의 나날이었다.

소매치기당한 것은 어쩌면 귀중품이 아니라 실패감, 불안, 초조 따위였을지도 모르겠다. 하지만 그것들은 결코 사라진 게 아니었다. 낮은 구름과 너른 땅 사이 그 실금 같은 틈, 하얀 반지하 방, 부엌의 카우치, 노랑 따릉이의 페달, 피자트럭, 감자트럭, 출렁이는 트램펄린에 조금씩 쪼개어 숨겨 두었을 뿐이었다. 이윽고 스반홀름을 떠나던 새벽, 잡초가 다시 피어오르듯 그것들이 얼굴을 내밀었다. 내 인생 어느 때보다 무표정하고 타인에게 무심했을 때 줄리를 만났다. 곧 그의 엄마, 백발의 아네뜨도 만났다. 아사코가 내게서 보았다는 건강한 갈색 말과 하얀 말은 내가 아니었다. 내게 올, 나의 다음 사람들이었다.

언젠가 다시 스반홀름에 가리라는 것을 나는 예감한다. 공동체의 울타리가 그리워서가 아니다. 우리는 이미 수많은 공동체에 속해 있음을 깨달으니 굳이 찾아 나설 필요가 없다. 가을에 스반홀름에서 돌아와 겨울잠을 자고 맞이한 그 봄, 나는 아무 무게도 느껴지지 않는 작은 생명, 고양이 '동동'을 만났다. 내 평생 다른 존재를 위해 아침잠을 주저없이 물리치게 될 줄이야. 나는 농부그룹에서 집사그룹으로 소속이 옮겨졌다. 아주 자연스럽게.

동동은 나의 공동체, 좋은 그룹의 1호 멤버? 거주묘? 여하튼 1호다. 수도계량기를 함께 쓰는 아랫집 공방주인은 2호, 작업실을 함께 쓰는 선미는 3호, 한밤중 편의점에서 조우하는 동네친구는 4호, 같이 일하는 사람들, 독자들, 책방 주인들이 5호, 6호…. 모든 관계가 공동체이며 많은 멤버가 때로는 긴밀하게 때로는 성글게 사슬을 이룬다.

이제 3살이 된 동동은 좋든 싫든 나와 살고 있다. '좋든 싫든'이 중요하다. 나는 동동에게 물을 수 없고 동동은 답할 수 없다. 우리는 서로의 정확한 의중을 모르는 채로 같이 산다. 그러기에 더욱 사무친다고 생각한다. 나는 우리를 바라보며 '가족'과 '가족 아님'을 가르는 것은 무엇일까 생각한다. 태어난 가족은 신이 주는 공동체지만 그 밖은 모두 내가 고른 공동체이자 가족이다. 내 선택이 곧 내 가족이다. 좋든 싫든.

그리하여 내 선택 안에서 늘 충만하고 즐겁게 사느냐? 이에 대한 답은 152페이지 「행복은 똑같은 옷을 입고 있지 않다」에 피소드에 있다. 나는 누구와 함께이건 철저히 쓸쓸하고, 내일이 기대되지 않고, 오해하고 충돌하고 척지는 순간을 꾸준히 맞닥뜨린다. 그것은 자연스럽다. 자연에는 나비도 있고 뱀도 있다. 과실수도 있고 독버섯도 있다. 우연한 탄생도 있고 공을 들인 소멸도 있다. 스반홀름에서 나는 자연을 조금 이해했다. 자연의 것들은 감정에 우열을 매기지도, 행복의 순위를 정하지도 않는다. 자연은 미래를 모른다. 지금의 성장이 전부다.

스반홀름에 다시 가는 것은, 그곳에 두고 온 시간 때문이다. 한나가 약속한 30분, 내 몫의 쉬는 시간을 받으러 가야 한다. 이곳에서 쉬어도 쉬는 것 같지 않을 때, 그곳에서 실컷 일하는 것으로 쉬고 싶다. 아무것도 가지지 않은 채 모든 것을 누리고 싶다. 그때는 어떤 그룹이 함께할까? 내가 놓친 감자는 어떤 작물을 키우고 있을까? 나의 어떤 두려움이 작별의 벽에 남겨질까?

"사람은 어디를 가나 똑같다, 모이면 불편하고 결국 싸우게 된다"고 누군가는 말한다. 맞다. 모이면 한결같이 싸우는 존재가 사람이라면, 잡초라도 뽑으면서 그러는 편이 낫지 않겠나! 넌 어떻게 생각하니, 동동아?

집사그룹 하정 혹은 썸머
그리고 집고양이 동동

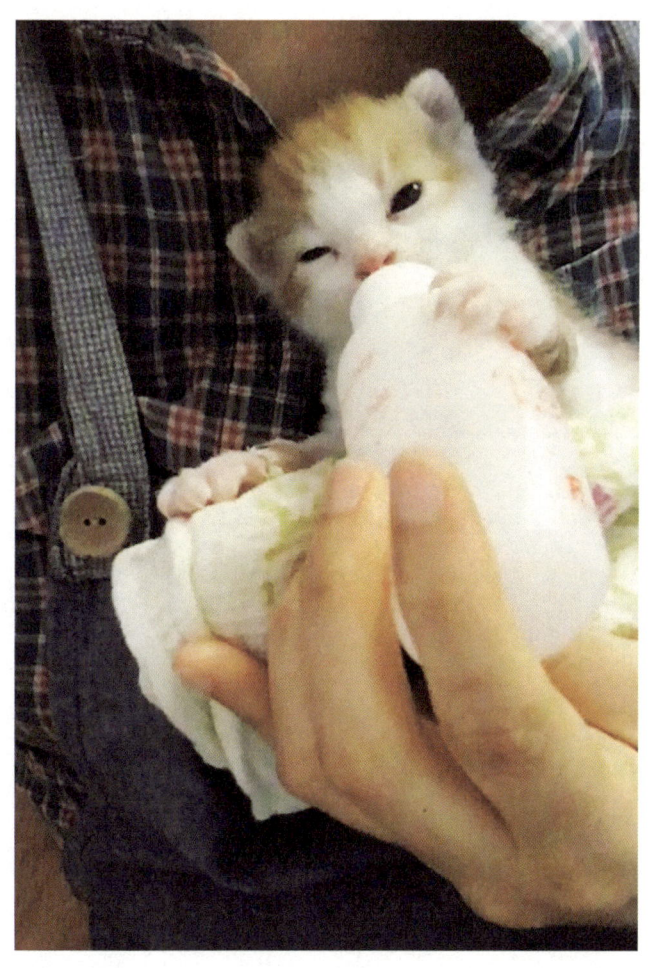

"...END IT"
~SABINA
and ELE 06/17

BE HUMAN KIND :)

THX 4 EXTRAORDINARY MOMENTS HERE!!! PEACE, LOVE, HARMONY
Linda →FLOR 12.8.16

May you feel warm with friendship,
proud and content with a job well done,
and sick from laughing so hard
It was my privilege to be a part
of life here and I will carry
the memories always
Skål!!
With love,
Zach Langford
Iowa, USA

Svanholm
i
mit ♥
-Ulla
Aug 2016

← the first wall squiggle!

...n't *write* much
...eing happy was
...l my time! »

Aymeric & Anna
06.2017

Every now and then
in life
I find myself in places
that warm my heart
& nourish my soul
This is one such place,
with gratitude for
laughter in abundance
the aversion of food panic
& plans to democratise
to the workers of the world!
R... d squiggles, Sarah #'19

Afoot and light-hearted I take to the open road,
Healthy, free, the world before me,
The long brown path before me leading wherever I choose.

Henceforth I ask not good fortune,
I myself am good fortune,
Henceforth I whimper no more, postpone no more, need nothing,
Done with indoor complaints, libraries, querulous criticisms,
Strong and content I travel the open road.

         Thea 28.07.2017

ONCE I WAS TRAVELING ACROSS THE SKY
THIS LOVELY PLANET CAUGHT MY EYES
AND BEING CURIOUS I FLEW CLOSE BY
AND NOW I'M CAUGHT HERE
UNTIL I DIE
UNTIL WE DIE
LEARNIG TO LIVE TOGETHER
LEARNIG TO LIVE TOGETHER
TILL WE DIE

I LOST MY MEMORY OF WHERE I'VE BEEN
WE ALL FORGOT THAT WE COULD FLY
SOMEDAY WE'LL ALL CHANGE INTO PEACEFUL MAN
AND WE'LL RETURN INTO THE SKY
UNTIL WE DIE
UNTIL WE DIE
LEARNIG TO LIVE TOGETHER
LEARNING TO LIVE TOGETHER
TILL WE DIE
LIVE TOGETHER

05.08.2016 ~ 22.09.2016
+ 11.10.2016
Hi SUMMER.

Suddenly I woke up in a place full of strangers, where
Volunteers from all over the world live together,
Always working merrily and peacefully...
Now those once strangers have a place in my head, and my
Head is filled with all the good moments spent there...
Ordinary people can become extraordinary,
Let them smile their joy, energy and strength!
May we meet again Snowholmes and Sydeven family!

    Lucy 06.18 - 07.18.2017

작별의 벽.
떠나던 날, 울라가 그린 빨간 하트와 내가 써놓은 「스페이스 캡틴 Space captain」이라는 노래가사 뿐, 텅 비었던 벽이 다음 해 가보니 이렇게 가득 차 있었다. 이 흔적들도 언젠가 빌딩그룹 할아버지의 하얀 페인트 아래 숨겨지겠지.

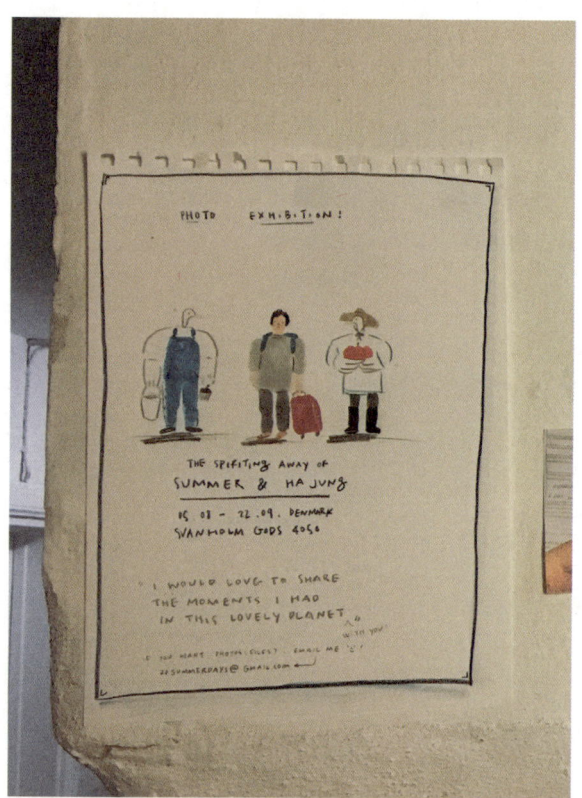

• 사진의 용도 •

　나는 언제 떠나야 할지 도통 정하지 못했다. 어서 일정을 확정하자는 베를린 친구 플로리안의 재촉에, 떠밀리듯 날짜를 정해버렸다. 그리고 떠나기 이틀 전에야 버스 예매 사이트에 접속했다. 좌석은 생각보다 여유가 있었다. 예약을 또 미루고, 나는 모두를 위한 선물을 준비하는 데 시간을 쓰기로 했다. 그동안 찍어둔 사진을 노트북으로 옮기고 쓸만한 것을 추렸다. USB에 사진을 담아 읍내 도서관으로 가서 프린트했다. 혼자 읍내까지 나간 것은 이날이 처음이자 마지막이었다.
　동료들이 잠든 사이, 부엌으로 가는 복도 벽에 사진들을 시간순으로 붙였다. 상욱의 천 크로네, 코펜하겐 경찰서, 230R번 버스, 하얀 방, 부엌, 밭, 하늘, 구름, 급식, 꼬마들, 호수, 잔디 언덕 그리고 우리들…. 나는 지금 여기에 그것들과 함께 있는데, 먼 곳에서 회상하듯 그리웠다.
　마지막으로 사진의 시작점에 포스터를 붙였다. 제목은 「사진전:하정과 썸머의 행방불명 in 스반홀름」. 두어 시간 후, 술과 잠이 덜 깬 동료들이 이것을 본다면 어떤 표정일까? 카메라를 들이대면 웃긴 포즈를 취해주던 녀석들, 그때 찍은 사진이 이렇게 쓰일 줄은 꿈에도 몰랐겠지?

Wook Brothers

욱브라더스. 교환학생으로 덴마크에 왔다가 그 매력에 푹 빠져 호떡 노점을 차리고 눌러앉은 김희욱과, 한국에서 기자 생활에 싫증나 세계에서 가장 행복하다는 덴마크로 건너가 1년간 생활한 안상욱.

두 사람은 덴마크에 한국을, 한국에 덴마크를 알리는 데 열심이다. 희욱은 코펜하겐 번화가에 한식당 '코판'(KOPAN)과 '우리'(ouri)를 열었다. 상욱은 2024년 서울 망원동에 덴마크 전문 서가 겸 서점 '덴마크 서재'를 꾸렸으며, 180년 전통 덴마크 비형식 시민 인생학교(호이스콜레)를 한국에 알리는 '자유스콜레' 운영진으로도 활동한다. 이들의 근황은 다음 채널에서 볼 수 있다.

KOPAN 유튜브 https://www.youtube.com/@behindkopan
덴마크 서재 인스타그램 @inside.denmark

친애하는 썸머에게
귀하가 지원한 기간에 빈방이 있습니다만 키친그룹은 인원이 꽉 찼다고 합니다. 하지만 포기하지 마세요. 다른 그룹에 물어볼게요. 기다려 주세요!
- 당신의 친구, 폴

얼마 후 폴은 농부그룹에 빈 자리가 있다는 소식을 전해왔다. 캠프힐에서도 베이커리와 부엌에서 일했던 나는 두 번 생각할 것 없이 스반홀름의 키친그룹에 지원했었다. 그런데 농부? 내 인생의 어느 페이지에도 없던 일이다. 하지만 '포기하지 마세요' 라니! 너무 다정하잖아! 스반홀름에 못 가게 되더라도, 이 메시지로 이미 충분하다 생각하면서도 나는 그곳이 더 궁금해졌다.

작업복 창고. 엉망으로 쌓여 있었는데 빌딩그룹 한국인 자매가 크기별, 용도별로 정리해 두었다고 한다.

중고품점. 일상복, 드레스, 구두, 커튼 등 안 쓰는 물건을 내놓고 자유롭게 가져다 쓰는 공간도 마련되어 있다.

소 축사의 한편, 볕이 잘 드는 빈 공간에 토마토를 기르고 있다. 공간도 햇볕도 아껴 쓰고 나누어 쓴다.

패킹팩토리에 견학을 온 스반홀름 유치원 꼬마들

공동체 안을 돌아다니다 보면 야외에 세워진 유모차 안에서 무언가 부스럭! 불쑥! 해서 놀라곤 한다. 덴마크 부모는 아이를 유모차 안에 둔 채로 실외에서 낮잠을 재운다. 이날은 비도 수시로 내리고 바람도 강했는데 평소와 다를 바 없었다.

꼬마 관객들에게 둘러싸인 저글러 삼촌과 그가 거둔 새끼 고양이들

저글러의 핸드메이드 캣타워

스반홀름에는 양치기 목동의 보더콜리와 빌딩그룹의 경비견, 그리고 자유로운 고양이가 여럿 살고 있다. 이 까만 녀석의 이름은 티미안. 게스트들의 방을 돌아다니며 살았고, 내 방의 뜨뜻한 노트북을 특히 좋아했다.

이바나에게 바친 호박케이크

로맨틱 반지하의 창은 지면 높이라서, 야외에서 식사나 파티를 할 때면 부엌에서 만든 음식을 창으로 바로 나르곤 했다. 자기 방 창문을 통해 출퇴근을 하기도!

식량창고에는 아시안 식자재도 구비되어 있어서 스프링롤이나 김밥과 주먹밥, 초밥을 만들어 먹기도 했다. 스반홀름에 가서 음식이 입에 맞지 않는다는 이유로 살이 빠질 일은 없을 듯!

현존하는 국기 중 가장 오래된 국기인 덴마크의 단네브로그 Dannebrog(덴마크의 힘이라는 뜻). 덴마크 사람들의 단네브로그 사랑은 유별나다. 특별히 국경일이 아니어도 인테리어를 할 때나 음식을 꾸밀 때 등 일상에서 매우 자주 사용하고, 상점이나 길거리 장식으로도 흔히 볼 수 있다. 이렇게 아시아 음식에도 꽂는데, 아무렴 어떤가!

팥을 삶고 빵을 구워 도라야키(화과자의 일종) 만드는 법을 가르쳐주는 아사코

새라의 덴마크식 레이어드 케이크. 나의 마흔 번째 생일을 장식했다.

Sara

새라 Q : 인생이 뭐라고 생각해?
썸머 A : 우연히 만난 사람들이 서로의 삶이라는 영화에 한 장면을 남겨주는 것. 장르가 로맨스일지 액션일지, 해피엔딩일지 새드엔딩일지는 우리 결정에 달린 것. 단편일지 장편일지도!

Chrisbine

난 아이를 꼭 낳고 싶어. 누군가에게 좋은 유년기를 주고 싶거든.

Marek

어릴 적 친구들끼리 어른이 되면 어떻게 살지 곧잘 말하잖아? 그때 말한대로 사는 사람은 나밖에 없어!

Ivana

이바나가 망망대해에 떠 있는 작은 섬 사진 하나를 보여주었다. 인도차이나반도에 있는 무인도인데, 그 섬을 사서 요가센터를 짓는 게 꿈이라고 했다. 이바나는 이미 그 섬을 "내 섬My island"이라고 부르고 있었다. 둘의 꿈이 꼭 이루어질 것 같은 예감이 든다.

Zola

내 사랑, 아니 우리 사랑 이다! 공동체의 모두에게 좋은 기운을 주던 녀석. 괄괄하면서도 다정한 이다와 그의 가족에게서 생일 선물로 초콜릿을 받았다.

독일행 버스 안에서 엘리자벳의 이메일을 받았다. 사진전을 마주한 동료들의 감상이 전해졌다. 눈물이 났다고. 나는 엘리자벳에게 뒤처리(=전시 철거)를 부탁했다. 엘리자벳과 녀석들은 사진전을 철거하지 않기로 결정했다고 답장을 보내왔다.

다음 해, 이바나가 페이스북 메신저로 사진 한 장을 보내왔다. "썸머, 내가 전통을 이어가고 있어!"라며, 내 사진전 뒤에 자신이 찍은 사진으로 릴레이 사진전을 펼친 모습이었다. 이번엔 내가 눈물이 났다.

1

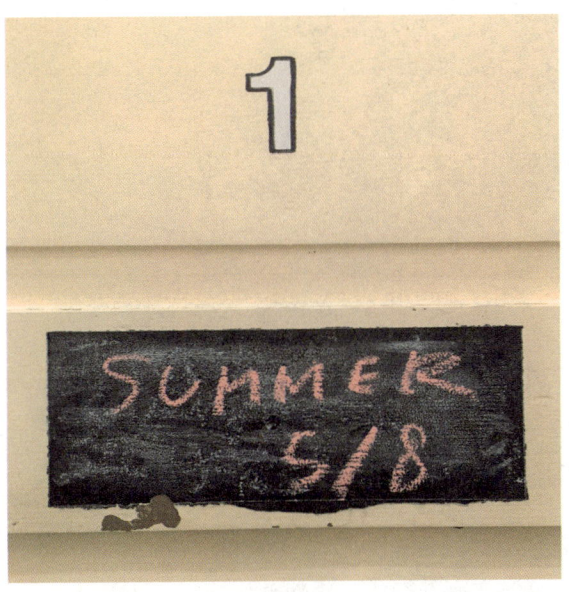

나의 방, 나의 밭, 나의 집
안녕, 또 올게!

이 책은 아래 후원자들과 함께 만들었습니다.
망망한 책의 우주 속, 하필이면 이 작은 별에서 만나
서로에게 함께 사는 법을 가르쳐준 이름들,
고맙습니다.

이세민, 혜연, 최서영, 김나윤
숨이차, 플럼
황정희, 바이스토리
신꽃비, 이승혜
렝, 김보람, 심미애, qutenberk, 최지인
조예진, 주연이, 잘걷는여행, 서애, 소정, 이혜리
최선미(스톡홀름), 뮤지카, 허수연
음악으로노는사회샘, 김동후
김목인 공식팬클럽 '모긴모야' 갱구와 미남
김목인 공식팬클럽 '모긴모야' 재윤과 무권
박소정, 덴마크 서재, 김민강, 박윤정
요다, 이지영, 모난돌, 김수영
메이지, 홍현정
사니, 여호진, 조인n민진
유주원, 이수연, 페일블루, 주삼
박연주, 이진경, 윤영희, 이수미, 이광영
임수연, EM, 모리포프라, 송세현
원진, 뚱뚜루, 김다니, 아성
김원우, 김리연, 화경, tier, 김지우
징가, 난나책방, 지니어스
이선민, 윤세리, 삽하나, 박수진

(순서는 이 별에 도착한 순입니다.)

언젠가 나는 하늘을 가로질러
저 먼 곳을 여행했네
그때, 이 사랑스러운 별이
내 눈길을 사로잡았지

호기심에 날아가
마음을 온통 빼앗겼네

나는 죽는 날까지
우리는 죽는 날까지
함께 사는 법을 배워가리라

우리가 온 곳의 기억은
다 사라지고
하늘을 날던 우리 모습마저 잊었지만

모든 것은 평화롭게
다시 하늘로 돌아가리라

우리는 죽는 날까지
우리는 죽는 날까지
그저 함께 사는 법을 배워갈 뿐

함께 사는 법을
우리는 죽는 날까지

「스페이스 캡틴 Space captain」

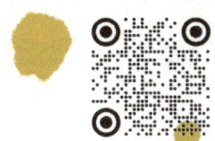

나의 두려움을 여기 두고 간다

초판 1쇄   2020년 8월 5일
개정판 1쇄 2025년 8월 15일

지은이   하정
교정   구희진 @undobooks
사진보정   박연선 @oandfilm
표지디자인   허희향 @eyyy.design

펴낸곳   좋은여름 @studio.goodsummer
출판등록   2019년 5월 2일 (제2022-000038호)
주소   서울시 마포구 월드컵북로12안길 30, 3층
이메일   77summerdays@gmail.com

- 크고 작은 고민을 함께 한 사람들
  유혜영, 이은하, 허덕향, 구름, 초록, 서애, 조이, 나은, 순진, 미키, 박승봉
- 이 책의 판권은 지은이와 좋은여름에 있습니다.
  내용의 전부 또는 일부를 사용하려면 양측의 동의를 얻어야 합니다.
- 값은 뒤표지에 있습니다. 잘못 만들어진 책은 구입처에서 바꾸어 드립니다.
- ISBN 979-11-967029-0-8 (03810)

스반홀름 QR 온라인 투어
로맨틱 반지하부터 지옥의 호박밭까지, 스반홀름을 영상으로 만나요!